Liderança Radical

CB078606

STEVE FARBER

Liderança Radical

Como renovar seu entusiasmo pelo trabalho e dar um salto em sua carreira

Helvecio Breno Lins Sobreira
BIBLIOTECA PARTICULAR

SEXTANTE

Título original: *The Radical Leap*, por Steve Farber 0 7931 8568 8
Copyright © 2004 por Extreme Leadership, Inc.
Copyright da tradução © 2006 por GMT Editores Ltda.
Todos os direitos reservados.

tradução
Marcia Cláudia Reynaldo Alves

preparo de originais
Valéria Inez Prest

revisão
Luis Américo Costa
Sérgio Bellinello Soares

projeto gráfico e diagramação
DTPhoenix Editorial

capa
Miriam Lerner

fotolitos
RR Donnelley

impressão e acabamento
Bartira Gráfica e Editora S/A

CIP-BRASIL. CATALOGAÇÃO-NA-FONTE
SINDICATO NACIONAL DOS EDITORES DE LIVROS, RJ

F229L Farber, Steve
Liderança radical / Steve Farber [tradução de Marcia Cláudia Reynaldo Alves].
– Rio de Janeiro: Sextante, 2006.

Tradução de: The radical leap
ISBN 85-7542-246-4

1. Liderança. 2. Mudança organizacional. 3. Eficiência organizacional.
4. Administração. I. Título.

CDD 658.4092
06-2760 CDU 658.316.46

Todos os direitos reservados por
GMT Editores Ltda.
Rua Voluntários da Pátria, 45 – Gr. 1.404 – Botafogo
22270-000 – Rio de Janeiro – RJ
Tel.: (21) 2286-9944 – Fax: (21) 2286-9244
E-mail: atendimento@esextante.com.br
www.sextante.com.br

SUMÁRIO

INTRODUÇÃO

As parábolas empresariais estão em alta, e provavelmente você já conhece uma série delas. Devo admitir, embora com alguma relutância, que também li bastante sobre isso. "Com alguma relutância" pode parecer um comentário estranho se feito pelo autor do livro que você tem nas mãos, mas minha esperança é que este livro proporcione uma experiência diferente – que esta história se destaque em meio ao turbilhão das parábolas. Quis escrever algo um pouco mais corajoso. Talvez mais atual. Agilidade, humor e insight, tudo no mesmo pacote. Que fosse divertido e o ajudasse a transformar seu negócio e sua capacidade de liderança. Sem falar, é claro, em algo com uma dose saudável de humildade.

Os personagens aos quais você está prestes a ser apresentado são produtos do cruzamento da minha experiência com minha imaginação. Representam pessoas que conheci e professores e clientes que tive há mais de quinze anos. Algumas passagens são verdadeiras, descrições precisas de eventos que de fato aconteceram. Outras eu simplesmente criei. Não vou contar quais delas são reais e quais inventei, mas tenho certeza de que você se surpreenderia se soubesse a resposta. Os princípios, porém, são tão reais, tão importantes e tão decisivos quanto quaisquer outros encontrados nos livros mais instrutivos. Talvez – ouso dizer – até mais instrutivos.

Eu o convido a começar pelo início e ir navegando até às páginas finais. Não levará muito tempo: uma viagem de avião, talvez, ou dois horários de almoço. Então, quando você terminar, eu o convido a experimentar o desafio da Liderança Radical. No final, espero que você aprecie a leitura tanto quanto apreciei escrever este livro.

Terça-feira

UM

Sou uma criatura de hábitos, pelo menos num aspecto: sempre que vou à cidade, passo pela praia. E foi por isso, percebo agora, que ele teve facilidade para me encontrar.

Era mais um desses dias típicos de San Diego: o céu azul e brilhante, o oceano cintilando com as ondas que se derramavam na areia de Mission Beach. Sentado na mureta, eu observava a turma que corria, patinava e passava de bicicleta pelo calçadão. Aquele mundo, com seu alto índice de tatuagens e *body-piercing* em corpos esculpidos à perfeição, era muito diferente do universo empresarial em que eu trabalhava todos os dias, como consultor de liderança. É por isso que adorava viver ali – isso me mantinha estimulado. Levantei o rosto para o sol, fechei os olhos atrás dos óculos escuros e senti a tensão sendo sugada através dos meus poros.

Uma voz feminina quebrou a magia:

– Com licença, posso lhe fazer uma pergunta?

A moça tinha uns vinte e dois anos, era loura e, é claro, estava de biquíni. Nada disso era estranho naquele bairro. Sua prancheta, porém, era tão incomum quanto a pilha de folhas de papel que ela carregava nas mãos.

– Acho que sim... Depende da pergunta – disse, sentindo-me um pouco esperançoso de estar prestes a entrar num clássico cenário de fantasia para um homem de meia-idade.

– Preciso fazer uma pesquisa para as aulas de Administração na Universidade de San Diego. Estou entrevistando o pessoal aqui na praia – respondeu, agitando a pilha de folhas.

– E a pergunta é...? – incitei-a a responder, sentindo a fantasia se esvair.

– O que é liderança?

A coincidência fez correr um arrepio de frio por todo o meu corpo. Trabalhei por muitos anos para uma das melhores empresas de desenvolvimento de liderança dos Estados Unidos, The Tom Peters Company, e abri minha própria consultoria, exatamente nessa área.

Já ouvi um grande número de empresários e empresárias descreverem o conceito de liderança. Ouvi definições de consultores e também daquele pessoal já grisalho, de terno e gravata. O que nunca tinha ouvido era uma descrição de liderança dada por alguém com *piercing* na língua, nem de um praticante de skate tatuado, nem de uma pessoa de biquíni sobre patins. Ali estava eu, no coração da cultura "boa vida" de San Diego, e, de repente, me via louco para saber o que a turma da praia tinha a dizer sobre esse assunto.

– Escute, vamos fazer um trato. Eu escrevo uma definição de liderança dada por um dos gurus da administração e você me mostra todas as respostas que conseguiu até agora – propus.

Ela concordou na hora. Fiz uma citação do livro de Jim Kouzes e Barry Posner, *O desafio da liderança*: "Liderança é a arte de mobilizar pessoas para que se esforcem em prol de objetivos comuns." É uma excelente definição, e Jim é meu amigo.

Depois tomei a parte que me cabia no acordo e comecei a ler as respostas. Fiquei impressionado:

- Sexo: feminino; idade: vinte e quatro anos; ocupação: área de vendas. O que é liderança? – "Organizar pessoas em torno de um propósito comum."
- Sexo: masculino; idade: vinte e seis anos; ocupação: programador. O que é liderança? – "Lutar por aquilo em que você acredita."
- Sexo: feminino; idade: vinte e oito anos; ocupação: vendedora. O que é liderança? – "Arriscar-se quando é a coisa certa a ser feita."

E por aí afora, assim mesmo. Conceitos realmente bons, frutos de reflexão e, na minha opinião, definições exatas. De repente vi uma frase que dizia tudo.

- Sexo: masculino; idade: vinte e três anos; ocupação: desempregado. O que é liderança? – "Se eu soubesse, não estaria desempregado."

– Isto é brilhante: "Se eu soubesse, não estaria desempregado." Ele está certíssimo, com certeza – eu disse à moça.

"Se até mesmo um boa-vida desempregado que vive na praia sabe como a liderança é importante, então estou no ramo certo", pensei ao devolver a pilha de papéis para ela.

– Posso participar? – perguntou um homem que estava sentado na mureta, perto de mim, escutando nossa conversa.

– Claro – a moça respondeu e passou-lhe a prancheta.

– Você escreve para mim – ele disse.

Tufos de cabelos grisalhos apareciam por baixo do seu chapéu de praia preto e amassado. Um cavanhaque recém-feito marcou os cantos da sua boca quando ele sorriu.

– Quatro palavras definem liderança – ele continuou. E contou-as nos dedos.

– Amor. Energia. Audácia. Prova.

A moça escreveu.

– Só isso? – ela perguntou.

– Só.

– Poderia explicar? – pediu, parecendo um pouco surpresa.

– Não. Não deveria ser preciso. Com exceção de uma coisa.

– Qual?

– Isso não é só liderança: é Liderança Radical.

– Mas o que significa?

– Pense um pouco. Você vai entender.

– Tá bom... – ela disse de um jeito exasperado, que sugeria que seus olhos estavam se revirando por trás dos óculos escuros. E foi embora, caminhando para a praia.

– Gostei – falei para o cara. "Cara" parecia ser a definição apropriada para ele, considerando sua aparência geral: camisa de estampa havaiana e desabotoada, sandálias penduradas por cima do ombro e um calção cáqui bem folgado. Podia passar por alguém com quase trinta anos, mas os cabelos grisalhos e as rugas ao redor dos olhos sugeriam que era um pouco mais velho. Talvez fosse o efeito do excesso de sol. Ou de experiência. Não consegui fazer a distinção.

– É... deve ter gostado – ele disse. – Eu o ouvi falando. Você ensina liderança, certo?

– Tento.

– Tentar não é importante. Fazer, sim – ele disse, imitando a voz de Yoda, do filme *Guerra nas estrelas*.

– Tá... bom – respondi, com a mesma impaciência da pesquisadora. Deslizei da mureta e me estiquei, utilizando ao máximo a linguagem corporal para dizer: "Preciso ir embora."

– Foi bom conhecer você... – e estendeu a mão na minha direção.

– Steve – eu disse.

– Edge.

– Não entendi.

– Edge. Pronuncia-se: E, d, g, com "g" de gelo.

– Certo, Edg. Um ótimo dia para você – me despedi.

– Sempre.

É isso aí. "Cara" era mesmo a definição perfeita.

DOIS

Mais tarde, naquela noite, num estágio entre dormir e sonhar, continuei vendo aquela face com cavanhaque de bode se abrindo num sorriso e ouvi as palavras "amor, energia, audácia, prova" como um mantra insistente. Esse fato e os questionários da moça me fizeram pensar na minha própria experiência profissional.

Como consultor, acreditava que a liderança eficaz poderia auxiliar as pessoas a realizar muitas coisas de grande importância no trabalho. Primeiro, ela ajudaria a criar uma cultura tão vibrante e saudável que, quando as pessoas acordassem de manhã e pensassem na jornada que teriam pela frente, não se sentiriam dominadas por uma sensação de pavor nem teriam dúvida de que sobreviveriam a mais um dia. Ao contrário, estariam cheias de esperança e da certeza de que poderiam se dedicar completamente à sua atividade e fazer algo bacana, significativo, importante.

Segundo, uma atmosfera de total comprometimento teria maior probabilidade de criar produtos e serviços tão irresistíveis que praticamente sugariam os clientes que passassem pela porta.

E, embora eu ainda me sentisse tão apaixonado quanto sempre estivera, começava a suspeitar de que talvez estivesse sendo idealista demais. Isso me apavorou.

Conheço muitos consultores desiludidos. No início da minha carreira, um senhor mais velho, e em tese mais experiente, chamado Patrick, que havia construído uma reputação de primeira linha como consultor de executivos e agente de mudanças corporativas, disse-me que era impossível fazer a diferença. Não importava o que o profissional dissesse ou como dissesse, não importava se ele bajulava ou ameaçava, não importava se fornecia esmagadoras e irrefutáveis provas que justificassem a necessidade que seus clientes tinham de mudar, eles nunca, jamais, o escutavam.

– Então por que você não pára de trabalhar com isso? – eu perguntei.

– Porque eles me pagam muito bem – ele respondeu.

Quando um agente de mudança se torna cínico, estamos todos com lama até o pescoço. Preferi dispensar o Patrick como cinzas do passado. Dali em diante, comecei todos os projetos com a esperança e a convicção de que os resultados causariam um impacto no mundo do meu cliente. E, com a opinião de Patrick ecoando de modo perturbador na minha cabeça, concluía cada um desses trabalhos em algum ponto entre a satisfação moderada e o que só posso descrever como: "Ah! Talvez da próxima vez, quem sabe?"

Tinha certeza, porém, de que eu exercia uma influência positiva sobre um número significativo de pessoas. Afinal, elas sempre me pagaram, não é mesmo? Mas, se tudo o que fiz depois de todos esses anos foi ampliar alguns horizontes e ajudar pessoas a tentar algo um pouco diferente, será que mereci todo aquele dinheiro? Deitado, às três da madrugada, tive a nítida impressão de que talvez não.

Então, por que eu não desistia? Minha resposta era diferente da de Patrick. Ele era um profissional, enquanto eu sou um sonhador. O poeta Charles Bukowski definiu essa questão assim: "A diferença entre um louco e um profissional é que um profissional faz o máximo que pode de acordo com o que se propôs a fazer, ao passo que um louco faz excepcionalmente bem o que ele não consegue deixar de fazer."

Faço esse trabalho porque não consigo deixar de fazê-lo. Tenho que realizá-lo. Se isso significa que sou doido, que assim seja.

Esse foi, e não estou sendo irônico, um pensamento reconfortante, bem cedo de manhã. Mas... amor, energia, audácia e prova? Seriam esses atributos minhas forças propulsoras? Soaram razoáveis, eram imprescindíveis. Em todo caso, não pareciam ser *meus* atributos. Eu precisava raciocinar com honestidade: para mim, o negócio de liderança era só isso, um negócio.

Mas não conseguia parar de pensar naqueles atributos. De onde eles vinham? Será que Edg ouvira a respeito deles em algum lugar ou eram fruto da sua reflexão? Na conversa com a moça ele falara em Liderança Radical...

Sozinho no meu quarto, numa San Diego adormecida antes do raiar do sol, comecei a ficar cada vez mais curioso a respeito de um cara chamado Edg.

Segundo um ditado, a curiosidade matou o gato, mas ter satisfeito sua curiosidade o ressuscitou.

Quarta-feira

■ TRÊS

Na manhã seguinte, depois de ter passado uma noite insone, caminhei pelo calçadão bebericando um café triplo na esperança de que fizesse efeito rapidamente. Caminhei até à água, molhei os pés e observei os surfistas pegando onda. Eles estavam lá desde o amanhecer, eu tinha certeza, assim como faziam todas as manhãs. Para eles, o surfe; para mim, a cafeína.

– Você surfa?

Dei um pulo, derramando meu estimulante matutino pela areia. Era Edg, de pé atrás de mim, apoiado numa prancha, obviamente exultante por ter me assustado tanto.

– Não. Gosto de assistir – respondi.

– Não sabe o que está perdendo.

– Sei sim. Aproximadamente três goles de um precioso líquido.

A água chegou e limpou o café ao redor dos meus pés.

– Desculpe – disse ele, simplesmente por dizer. – Vamos fazer as pazes. Você pode comprar outra xícara. Duas. Para mim também.

Eu o segui pela areia até o calçadão, pensando que, pelo menos, poderia ser divertido passar um tempo com um sujeito tão diferente. Subimos os degraus do restaurante mais próximo. Edg apoiou a prancha de surfe contra a parede e colocou dois tamboretes perto do peitoril da varanda, que dava diretamente para o mar.

Enquanto a garçonete servia o café, fiquei planejando satisfazer minha curiosidade sobre o Edg, jogando conversa fora. Mas não cheguei a ter a oportunidade de fazer isso.

– Olhe aquele surfista – disse Edg apontando para o mar. Vi o rapaz nadar em direção à praia deitado sobre a prancha e depois se levantar sobre ela assim que a onda começou a se curvar. Ele surfou por muito pouco tempo antes de cair de pernas para o ar no momento em que a onda se quebrou sobre sua cabeça.

– Essa doeu! – eu disse.

– Reação errada, amigo. O esporte é isso. O que você acabou de ver foi uma vitória.

– E o mar venceu – respondi.

– Não. Não é esse tipo de vitória. Aqui não há vencedores nem vencidos. Não é um jogo em que alguém precise perder para que a outra pessoa vença. A idéia é a seguinte: o surfista ganhou um pouco de experiência que o ajudará a pegar ondas maiores no futuro. É por isso que todo tombo é uma vitória para o surfista. Isso também é verdade na sua área de trabalho.

– Sinto que há uma metáfora a caminho – eu disse, tomando o último gole do café.

– Isso mesmo. Você tem problemas com metáforas?

– Pelo contrário. Mas explique.

– O surfe é um esporte radical porque levar um tombo faz parte dessa atividade. Todos os esportes radicais têm isso em comum. E liderança, falando em linguagem metafórica, é um esporte radical também.

– A pessoa tem que estar disposta a assumir riscos. Não há nada de novo até aí. – Fiz uma tentativa inútil de acenar para a garçonete.

– É muito fácil falar sobre isso, o difícil é fazer alguma coisa a respeito, especialmente nos negócios. A ironia é que o risco é parte inerente da experiência humana, e aceitamos essa verdade em muitas áreas da vida sem percebermos. Mas muitos executivos que se denominam líderes querem que as coisas sejam fáceis e indolores. Ou eles estão se enganando ou estão mentindo.

– Palavras fortes.

– Veja como as pessoas estão vestidas – ele disse, apontando em direção ao calçadão mais abaixo. – Você tem filhos?

– Tenho.

– Eles usam calças bem largas como aquelas?

– Sim, claro.

– Andam de skate?

– Um pouco.

– Os praticantes de skate inventaram esse estilo para que pudessem usar joelheiras por baixo das roupas. Mas a maioria das pessoas que veste esse tipo de calça bem larga nunca chegou sequer a colocar a mão num skate. São os chamados "impostores": querem que os outros pensem que eles estão dispostos a correr riscos. Os verdadeiros praticantes de skate não os suportam. Os impostores tentam agarrar sua glória sem se arriscar. Porém, usar uma calça larga não faz de ninguém um praticante desse esporte. Vestir roupa de *spandex* não transforma ninguém num ciclista. Olhar o mundo pelas lentes de óculos da Oakley não torna ninguém um praticante de *snowboard*. Chamar os outros de "cara" não faz de ninguém um surfista. E, no mundo dos negócios, mandar imprimir "líder" no cartão de visita não significa absolutamente nada. Pessoas que usam "líder" como rótulo, sem mergulharem de corpo e alma no ato de liderar, são caçadoras de modismos – impostoras do mundo empresarial.

Subia um rubor pela face de Edg, já avermelhada pelo sol. O meio sorriso ainda estava lá, mas eu podia garantir que ele não estava achando nenhuma graça.

– Então eles falam, mas não agem – eu disse. – Como aquelas pessoas que usam todos os jargões da moda em técnicas de administração e ficam só nisso.

Era o que faltava para que ele se empolgasse.

– É uma fraude, isso sim – respondeu, num tom alto demais para um lugar público. – Esses impostores se agarram aos novos jargões e às frases de efeito, mas não fazem nada diferente. Você já recebeu *empowerment*, isto é, "autonomia e poder de decisão", de alguém, Steve? Já delegou isso a alguém?

– Acho que sim, claro. Mas esse já não pode ser considerado um conceito novo.

– Não, não é novo, mas me deixe mostrar de que modo essas coisas funcionam. Suponha que você trabalhe para mim – empurrou o tamborete para trás e ficou de pé. – Vamos fazer de conta que minha gerente tenha voltado recentemente de uma viagem de desenvolvimento profissional em que lhe falaram sobre *empowerment*, a tal concessão de autonomia e poder de decisão, que agora virou religião para ela. Por causa disso, a primeira coisa que ela fez quando retornou ao escritório foi enviar um e-mail para todos os que estão diretamente sob sua liderança, inclusive para mim, avisando que, daquele momento em diante, iríamos delegar autonomia e poder de decisão a todas as pessoas ali. Por causa disso, eu vou dar a você, Steve, autonomia e poder de decisão. Qual é minha motivação nesse caso? Por que vou fazer isso?

– Porque foi o que sua gerente mandou você fazer.

– Exatamente. E é melhor que eu obedeça ou a reengenharia pode fazer meu cargo desaparecer.

Ele parou por um instante e me perguntou:

– Steve, na sua opinião, o que significa delegar autonomia e poder de decisão?

– Bem, é...

– Vou lhe dizer o que significa: de agora em diante, *você* vai começar a tomar decisões para cuidar melhor dos nossos clientes e aprimorar nossos processos e todo esse lixo. Sacou?

– Sim, senhor – respondi, fazendo o papel de bom participante da brincadeira.

Ele elevou os braços e balançou os dedos sobre minha cabeça.

– Sente alguma coisa?

– Sim, senhor – respondi, ainda tomando parte na encenação.

– É bom mesmo – ele disse, sacudindo as mãos com mais entusiasmo. – Steve, eu o autorizo a tomar decisões para agradar aos clientes, blablablá. Agora, vá! Um pequeno conselho, porém: NÃO META OS PÉS PELAS MÃOS. E, antes de tomar qualquer decisão, confirme comigo.

O pessoal da mesa próxima à nossa começou a aplaudi-lo e eu caí na risada.

– Certo, entendi. É um impostor falando.

– Exatamente! – ele respondeu, empoleirando-se de volta no tamborete. – Isso nada mais é do que usar um novo jargão com o mesmo lixo que está associado a ele. Não se trata de concessão de autonomia e de poder de decisão.

Conversamos sobre todas as palavras e expressões da área empresarial que tinham estado na moda nos últimos anos. Foi como visitar o "Festival dos Jargões Administrativos", que incluía clássicos, como foco no cliente, círculos de qualidade, organização de aprendizagem, valor agregado, excelência, reengenharia, *downsizing*, *rightzing*, *flattening* e *densepacking* (não me pergunte o que isso significa), para citar, acredite ou não, uns poucos.

Lembro-me de que, quando o livro *Reengenharia*, de Michael Hammer e James Champy, foi lançado nos Estados Unidos em maio de 1994, os executivos pararam de "mudar" as coisas e começaram a fazer a "reengenharia" das coisas. (Mova seu grampeador do lado esquerdo para o lado direito da sua mesa e – pronto! – você fez a reengenharia do seu local de trabalho. Um amigo meu que na ocasião estava se divorciando me disse que estava fazendo "a reengenharia da sua estratégia doméstica".) Pouquíssimas pessoas e empresas entenderam o significado e a metodologia do que Hammer e Champy apresentaram e, como resultado, na verdade não fizeram a reengenharia de absolutamente nada, mas, sem dúvida, sabiam como empregar essa palavra numa frase. Por causa disso, mais tarde Champy chegou a outra conclusão: "Se a administração não mudar, a reengenharia não acontecerá."

"Liderança", temos que admitir, foi outro desses jargões.

– Todo mundo se autodenomina líder nos dias de hoje – disse Edg. – Antigamente participávamos de "treinamento de executivos". Agora vamos para "treinamentos em liderança". Somos líderes de equipe, líderes de programa, líderes de projeto, líderes de pensamento e líderes de mercado. Somos líderes políticos e líderes da comunidade. Lideramos nossa empresa, nossa família e nossa vida. Reduzimos o significado de liderança a um grau tão pequeno que ele está se tornando apenas mais um rótulo. Mas liderança não é um tema fácil. Então enganamos a nós mesmos para que acreditemos que a palavra é igual à ação.

– Enganar é um pouco exagerado, não acha, Edg?

– Não é isso o que fazemos? – perguntou. – Seremos, nós mesmos, nossos piores enganadores, se usarmos as palavras "segurança" e "garantia" na mesma frase em que houver a palavra "liderança". A capacidade de liderar não vem de uma terminologia pomposa, dos livros que exibimos nas estantes, da posição que ocupamos no organograma da empresa, nem de um título vistoso no cartão de visita. A liderança é sempre substantiva e raramente sujeita a modismos. É intensamente pessoal, intrinsecamente assustadora e exige que vivenciemos as idéias que abraçamos de modo incontestável, todos os dias da nossa vida, até à linha do medo e além dela.

– Então, estamos de volta à liderança como um esporte radical – comentei, tentando puxar um fio do discurso.

– Isso mesmo. Liderança Radical. É sobre isso que estou falando. Viver em busca de momentos AMD!

QUATRO

A esta altura tinha ficado claro que Edg não era nenhum vagabundo de praia. Pelo menos não em horário integral. Ele havia estado, era evidente, às voltas com o mundo empresarial em algum cargo executivo, e suas conclusões eram muito parecidas com as minhas (o que não lhe dava nenhuma credibilidade), mas eu ainda não sabia nada sobre a vida dele nem sobre a história da Liderança Radical.

– Posso lhe perguntar o que é um AMD!?

– Vou lhe dar um exemplo. Depois você me diz o que isso significa.

– Certo – concordei, sem que ele tivesse pedido.

– Você sabe o que é um carrinho de rolimã?

– Sei.

– Agora imagine que você está deitado de costas nesse carrinho no topo de uma montanha. Não numa montanha serena, coberta de neve, daquelas de cartão-postal, mas numa ladeira de asfalto de declive acentuado e cercada de ambos os lados por fileiras de carros estacionados. Na base da ladeira, quatrocentos metros abaixo, há um cruzamento, e o sinal de tráfego lá embaixo é o fim da linha. Imaginou o cenário? Seu amigo bate de leve no seu capacete, lhe dá um baita empurrão na direção da rua principal e uauuu!, você se torna escravo da gravidade. O asfalto brilha a cinco centímetros das suas costas, os carros estacionados gritam quando sua cabeça passa perto deles e você não pode parar, não há como retroceder. Nesse momento só existem três palavras na sua mente. Quais são elas?

– Ai, Meu Deus! – gritei, e por um instante houve silêncio ao nosso redor.

– Exatamente – disse Edg. – Agora imagine o seguinte: você vem se preparando para fazer uma apresentação para um grupo de executivos de uma empresa que é um importante cliente em potencial. Durante dias, você e sua equipe se dedicaram a números e gráficos e escolheram as palavras perfeitas. Seus ensaios diante do espelho foram tantos que ele rachou. Há uma semana você repete sua apresentação enquanto dorme (pelo menos é o que a sua mulher diz). Agora você está caminhando sobre o tapete cinza da sala da diretoria para se posicionar na frente de todos. Chega ao pequeno tablado de carvalho, vira-se e encara a platéia: fisionomias fechadas, braços cruzados sobre o peito, ternos de marcas sofisticadas. E você não pode sair correndo. Naquele exato momento, no que está pensando?

– Quero a minha mãe!

– Tente não mudar de assunto, Steve.

– Certo. Ai, Meu Deus!

– Corretíssimo! AMD! Você acabou de passar por uma experiência AMD!, que é o indicador interno e natural de todo ser humano de que ele está fazendo ou está prestes a fazer algo verdadeiramente importante e por isso está, com todo o direito, morrendo de medo.

– E para você isso é uma coisa positiva?

– Claro! – ele respondeu. Fomos condicionados a acreditar que o medo é ruim. Porém, preste atenção: o medo pode salvar sua vida ou impedi-lo de fazer algo estúpido. Por outro lado, evitar o medo também pode impedi-lo de realizar algo grandioso, de aprender coisas novas e de crescer como ser humano. O medo é parte inerente do crescimento e, levando em conta que crescimento, mudança e evolução estão no projeto de trabalho do Líder Radical, esse sentimento vem junto como a coisa mais natural do mundo.

– Quer dizer que o Líder Radical procura o AMD!?

– Perfeito! Mas essa é a parte fácil. A questão é que um líder vive sob julgamento o tempo todo. Não estou dizendo que seja justo, porém as pessoas observam tudo o que o líder faz. Absolutamente tudo. Sua linguagem corporal e suas expressões faciais, seu tom de voz, as decisões que ele toma, suas perguntas e a forma como são feitas. Portanto, a ferramenta mais poderosa que um líder tem é ele mesmo.

– Liderar pelo exemplo. O que isso tem a ver com o medo? – perguntei.

– É simples. Quando seus momentos AMD! acontecem em público, para todo mundo ver, você está enviando uma mensagem que diz que *todas* as pessoas ali devem fazer isso. Essa idéia apavora a maioria dos executivos. Mas ouça o que eu digo: há indivíduos neste mundo que adoram se dar mal em público. É o modo de provarem o poder das suas próprias convicções.

Eu tinha minhas dúvidas. Embora todos os livros sobre gerenciamento que conhecesse falassem de como era importante estimular as pessoas a assumir riscos e aprender com os próprios erros, eu não conhecia muitas pessoas que gostassem da experiência de aprontar um fiasco.

– Você pode me dar um exemplo? – pedi.

– Sim, o de um alpinista de Adelaide, na Austrália. Ele praticava o estilo livre, isto é, não usava nenhuma corda e nenhuma proteção, e tinha um parceiro. Ao tentar um movimento novo, esticou-se mais do que devia para alcançar o ponto de apoio seguinte e despencou de uma altura de onze metros, parando sobre uma oliveira. Quando caiu na árvore, arrancou um galho que ficara espetado num dos lados do seu corpo e percebeu que tinha sorte por estar vivo. Olhou para o parceiro, que horrorizado ainda se agarrava à montanha, e gritou para ele. Eu pergunto: se fosse você entalado naquela árvore, o que gritaria para seu amigo?

– Vá buscar ajuda!

– A maioria das pessoas diria isso mesmo. Eis o que o alpinista gritou: "Você filmou?" A única coisa que passou por sua cabeça naquele instante em que viu a morte de perto foi a emoção que sentiria ao compartilhar o vexame com os companheiros. Queria que vissem que ele era ousado o bastante para tentar ir um pouco além, mesmo que tivesse fracassado. Aquela cicatriz no intestino era sua cicatriz de honra. Muito diferente da maneira como a maioria dos executivos age, não é? É desse jeito que você encara seu trabalho, Steve?

– Como assim? – perguntei, querendo saber como, de repente, me tornara o centro da conversa.

– Vamos supor que você esteja na liderança de um importante projeto no trabalho. Decide experimentar algo novo e tudo dá errado. Uma situação deplorável em que você vira espetinho de carne de churrasco. Você gritaria: "Ei! Viram como me arrebentei lá em cima? Conseguiram filmar?" Provavelmente, não. O único motivo para você querer aquele filme é destruir a prova, e não compartilhá-la com o restante do mundo.

– Entendo o que quer dizer, mas não sei se me sentiria confortável tendo meus fracassos imortalizados.

– Confortável! – Edg exclamou, parecendo enfurecido. – Quem lhe disse que a liderança é confortável? Você não está entendendo absolutamente nada: nós nos damos mal todos os dias, e *todo mundo está cansado de saber disso*. Mas, quando um indivíduo mostra que consegue enfrentar as próprias mancadas, quando reconhece publicamente que se estraçalhou e se queimou, quando é capaz de (e agora estou falando metaforicamente) levantar a camisa na frente de cem pessoas e exibir a cicatriz que ganhou ao cair da montanha, todas elas passam a se sentir mais próximas dele como seres humanos. As pessoas seguem seres humanos, e não ícones idealizados de perfeição inalcançável.

Eu sabia que ele tinha razão. E uma imagem de mim mesmo quando ainda era criança surgiu de repente na minha mente: eu devorava revistinhas do Super-Homem aos quilos e as folheava até que meus dedos ficassem borrados de tinta e minha imaginação viajasse a toda. O Homem de Aço era o máximo por causa dos superpoderes – tinha visão de raios X, podia voar, conseguia vencer qualquer adversário –, mas, no fim das contas, era a imperfeição que o fazia verossímil e irresistível. Escondia-se atrás de Clark Kent, o coração dividido entre Lois e Lana, sofria pelos pais verdadeiros e amava os adotivos e vivia constantemente com medo da criptonita. Ou seja, na realidade, o Homem Invencível não existia.

Muitos executivos – inclusive eu mesmo, como Edg havia assinalado – querem ser super-homens. Confundem credibilidade com perfeição. Portanto, nunca, nem em sonho, admitiriam mostrar suas cicatrizes e seus pontos fracos aos colaboradores. Pedir que tenham momentos AMD! em público é como lhes pedir que mastiguem vidro. Só consegui pensar num líder que procurou o próprio AMD!, contando com a efetiva participação da sua equipe, e compartilhei essa história com Edg.

CINCO

Na qualidade de supervisor regional de uma grande corretora de valores, Michael vinha desenvolvendo as próprias habilidades de liderança havia vários anos. Apesar dos seus esforços, sua filial regional de varejo ficava constantemente em último ou penúltimo lugar na pesquisa de opinião feita entre os colaboradores da empresa. E, naquela rara organização em que as pesquisas eram levadas a sério – ali os resultados eram publicados e classificados –, isso era um ponto negativo para sua carreira. Ele estava perdendo credibilidade como supervisor. Foi então que, inesperadamente, compreendeu o que se passava.

Embora as pesquisas refletissem especificamente o ponto de vista dos colaboradores da linha de frente da filial, cujas vidas eram afetadas por seus gerentes imediatos, Michael concluiu que *ele* era o problema, e não os gerentes.

Então, convocou sua equipe de gerentes para uma reunião e, levantando-se diante dos presentes, declarou:

– Errei, e os números estão aí para comprovar. Por isso, quero que me digam onde estou falhando e o que preciso fazer para melhorar. – Esse foi o AMD! número um de Michael, posso apostar. – Vou me retirar e gostaria que vocês fossem bem específicos e escrevessem suas idéias no papel do *flip-chart*. Quando eu voltar, falaremos sobre cada uma delas – ele disse isso e saiu da sala. AMD! número dois.

Meia hora depois retornou e bateu à porta.

– Ainda não terminamos – responderam. Um AMD! enorme para Michael.

Finalmente, depois de noventa minutos, os gerentes o deixaram entrar. As paredes estavam cobertas de papéis com listas e mais listas de... sugestões para seu aprimoramento pessoal. Mais um AMD! monumental.

Michael sabia que da sua reação dependeria não só o sucesso ou o fracasso de todo aquele exercício como sua própria credibilidade. Ele optou por adotar uma postura radical e reagiu com toda a sinceridade:

– Estou profundamente decepcionado. Não fazia idéia de que os erros fossem tantos.

Não se defendeu, não se justificou nem deu desculpas. Fez algumas perguntas para se certificar de que tinha compreendido perfeitamente cada item e conversou com as pessoas por várias horas.

Michael me contou que aquela noite e os dias que se seguiram foram os mais difíceis de toda a sua carreira. Ele estava arrasado e impressionado com o rigor da avaliação e com o imenso desafio que teria que enfrentar para cumprir seu propósito. No entanto, conseguiu se recuperar do choque inicial. Na rodada seguinte de pesquisas, seu setor apareceu como o número dois de toda a empresa, com um aumento de 80 a 90% em alguns tópicos. Esse foi um salto, sob todos os pontos de vista. O curioso é que a melhoria teve relativamente muito pouco a ver com o que Michael fez em seguida àquela reunião de avaliação. Na verdade, teve tudo a ver com sua equipe.

Sem que Michael lhes pedisse, os gerentes – estimulados com a experiência – voltaram para seus setores e fizeram a mesma coisa com seu pessoal. E, pela primeira vez, os colaboradores se comprometeram pessoalmente com a melhoria do seu próprio ambiente de trabalho.

Ao se envolver em momentos AMD! publicamente, Michael não só colocou sua empresa em movimento como fez com que sua própria carreira disparasse: assim que sua reputação como líder se espalhou, ele foi promovido, com a recomendação unânime dos seus colaboradores diretos, e assumiu a responsabilidade pelas operações de todas as filiais norte-americanas.

– Excelente exemplo – Edg comentou. – O Michael, por iniciativa própria, colocou-se numa situação de grande insegurança, porque compreendeu que só se submetendo a uma profunda avaliação pessoal teria condições de melhorar. No fim das contas, isso levou ao seu sucesso e ao da sua equipe e também ao cerne da questão: quando for necessário, o Líder Radical arriscará a própria segurança e estabilidade para fazer o negócio crescer e, no mesmo grau de importância, desenvolver a si mesmo como ser humano. A segurança não é ruim, mas em geral a alcançamos assumindo riscos e aprendendo com cada queda, arranhão e contusão. Na maior parte das vezes, a segurança é resultado dos conhecimentos que adquirimos por termos nos colocado numa posição de insegurança. Mas isso não tem nada a ver com assumir riscos estúpidos ou com andar na corda bamba só para aumentar o nível de adrenalina gratuitamente.

– Então, o AMD! no contexto certo é um indicador de crescimento – resumi.

– Pense assim: se a única razão para evitar um desafio é porque a idéia o assusta, então *essa é a razão para enfrentá-lo*. Você precisa procurar seu AMD!, cara. Só assim vai ficar sabendo se está crescendo como líder. E, quanto maior e mais importante for o desafio, mais intenso será o AMD!

– Então, o Líder Radical enfrenta desafios extremos? – perguntei.

Ele olhou para o relógio.

– Vou contar uma história. Carly Fiorina, a ex-CEO da Hewlett-Packard, responsável pela fusão com a Compaq, declarou à turma de formandos do ano 2000 do MIT (Massachusetts Institute of Technology): "A maior obrigação de um líder é tornar possível um ambiente em que as pessoas possam ambicionar mudar o mundo." Extremo o bastante para você?

Eu também havia lido o discurso de Carly Fiorina. Aparentemente, Edg e eu tínhamos uma fonte comum, mas agora eu estava pensando no assunto em termos do AMD!

– Mudar o mundo. É... eu diria que ele pode ser qualificado como extremo.

– Vou lhe explicar isso de uma forma bem simples – disse Edg levantando-se e colocando a prancha de surfe debaixo do braço. – Se você está usando todos os jargões, lendo os mais recentes livros e dando sua opinião nas reuniões sobre os novos modismos em administração, mas *não* está experimentando aquela agitação nas suas entranhas, nem se apavorando diariamente, nem passando por momentos AMD! com regularidade, então você *não* está fazendo nada de significativo, muito menos mudando o mundo. *E, sem dúvida, não está liderando ninguém*. Mas, com certeza, aparenta ser um sujeito esperto nessas suas calças largas.

Edg bateu com o dedo na conta, apontou para mim, fez uma saudação do tipo militar, virou-se e foi embora. Acenei um adeus quando ele já estava de costas e virei os olhos na direção do mar no mesmo instante em que outro surfista caía na água.

Quinta-feira

■ SEIS

Intuição: sabe aquele segundo antes do relógio da igreja bater à meia-noite ou aquilo que nos faz pressentir o primeiro toque do telefone? Naquela manhã, o telefone da cozinha tocou em uníssono com o borbulhar da água do café que eu estava preparando. Desliguei o fogo e atendi com a sensação de que a chamada seria importante.

Eu tinha passado outra noite maldormida pensando na conversa que tivera com Edg no restaurante da praia. Depois de muita reflexão, acabou ficando evidente que minha vida tinha sido uma série de saltos, de um AMD! para outro.

Terminei o ensino médio com dezessete anos e me mudei de Chicago para a cidade de Nova York (tendo que ouvir as insistentes reclamações do meu pai). Fui morar num quarto alugado de um apartamento com meu amigo Sam e um bando de boas-vidas (o mesmo que desempregados). Acredite em mim: quando se está tentando sobreviver com torradas e achocolatados, todos os dias são cheios de situações AMD! Mas amadureci bem depressa e não trocaria nem mesmo um nanossegundo daquela experiência por nada neste mundo.

Ao fazer vinte e nove anos, já tinha morado em Israel durante um ano, criado uma banda de música country, desfeito uma banda de música country, começado a faculdade, terminado a faculdade, formado uma banda de rock, me casado, desfeito uma banda de rock, tido três filhos e montado uma pequena empresa de corretagem.

Meu negócio foi, desde o primeiro dia, uma luta implacável: problemas de fluxo de caixa no trabalho e em casa, decepção com pessoas que considerava amigos confiáveis e conselheiros e, para completar, um sócio que caiu fora, deixando-me sozinho no pior momento possível. As últimas palavras que o ouvi dizer foram: "Estou lhe enviando uma transferência bancária de vinte e cinco mil dólares." O dinheiro nunca chegou. Fechei o escritório, e ele e eu jamais voltamos a nos ver ou a nos falar. Fiquei arrasado, desci ao fundo do poço, estraçalhado e carbonizado – escolha sua metáfora predileta –, mas havia aprendido "como" e, mais importante ainda, "como não" administrar um negócio. Foi uma grande, inestimável e fabulosa lição que, em última análise, pavimentou o caminho para minha atual carreira, mas naquela época isso não pagava o leite das crianças. Depois, fiz trinta anos.

Isso havia acontecido há mais de quinze anos. Parecia toda uma vida. Mas também parecia ter ocorrido há não mais do que um minuto atrás. AMD!, AMD!, AMD!

– Alô! – atendi o telefone.

– Steve?

– Sim, sou eu.

– É a Janice.

– Janice! Puxa vida! Não falo com você há...

– Acho que vou ser despedida.

Janice era minha cliente havia vários anos. Ficamos amigos durante um longo projeto de consultoria. Ela era um dínamo e, por vezes, foi acusada de ser agressiva demais, exceto, é claro, nas situações em que conquistava bons resultados. Tinha um sorriso contagiante e absolutamente verdadeiro que atraía as pessoas para ela, além de um coração caloroso que as mantinha lá.

Ela era uma das poucas executivas que eu conhecia que realmente levava o desenvolvimento pessoal, o dela e o dos outros, a sério. E você pode acreditar no que estou dizendo: durante esses anos, conheci muitos executivos que desistiram das próprias iniciativas de liderança, ou por conveniência ou por necessidade de sobrevivência.

Lembro-me de um executivo chamado Ron, um cínico no que se referia a "iniciativas de mudança corporativa", que passara por uma súbita conversão ao se tornar o supercampeão do novo treinamento de atendimento ao cliente. Por muito tempo, ele odiou profundamente esse assunto e minimizou sua importância sempre que pôde. De repente, mudou completamente sua postura e usou de toda a sua eloqüência para descrever como o programa de treinamento era maravilhoso.

Um homem mudado? De jeito nenhum. A empresa fora reorganizada e, de repente, Ron passou a responder diretamente ao vice-presidente responsável pelo programa. "Dei uma olhada no novo organograma e percebi quanto *amo* tudo isto" – disse ele.

Janice não era desse tipo. Ela possuía um sensor interno que lhe dizia o que era certo e o que era errado e desafiava a si mesma a viver à altura desses preceitos sem se importar se conseguiria apoio no ambiente que a rodeava.

Agora, aparentemente, Janice estava enfrentando problemas. Para mim, porém, não foi uma grande surpresa. A empresa de biotecnologia em que ela trabalhava, a XinoniX, havia nomeado um novo presidente. Logo em seguida, Teddy Garrison, seu fundador, se demitiu, alegando "aposentadoria antecipada". Circulavam rumores sobre o que de fato acontecera. Para algumas pessoas, ele teria batido de frente com o recém-chegado e decidido deixar a organização para pôr fim ao impasse. Garrison havia contratado Janice e a nomeado vice-presidente sênior de marketing, o que a tornava a segunda pessoa no comando da empresa. Os dois estavam juntos desde o primeiro dia de funcionamento da companhia.

– Eu realmente queria que isso desse certo, apesar da saída do Garrison – disse Janice. – Ele deixou um grande legado em termos de atitudes, crenças e valores. Vínhamos fazendo coisas muito importantes na vanguarda da engenharia genética, e toda a equipe estava empolgadíssima. Antes de partir, Teddy me passou o bastão e disse que cabia a mim manter a empresa funcionando e preservar um ambiente animado, divertido e ágil. Em outras palavras, eu deveria fazer com que ela continuasse como a verdadeira XinoniX.

– E?

– E ele se foi. Assim, de repente. Faz um mês e ninguém tem notícias dele. Não faço a menor idéia de onde Garrison está e sinto que fui deixada para trás para definhar e ser levada pelo vento. Não consigo acreditar que ele tenha nos abandonado. A empresa era o bebê de Teddy, e acho que não é exagero dizer que todos os colaboradores o teriam acompanhado a qualquer lugar que ele fosse. A empresa também era nosso bebê.

– Mas você ficou.

– É... fiquei. Guardei o bastão no meu escritório como um lembrete e fui à luta com o novo CEO.

– Qual é a história dele? – perguntei, imaginando que deveria haver uma.

– Acho que tudo se resume ao seguinte: o apelido que ele tinha na empresa anterior era "o Sr. 51%".

Para ser sincero, eu não vinha acompanhando o desenrolar da história da XinoniX na imprensa especializada e, por isso, não sabia o nome do novo CEO, mas só de ouvir o apelido fiquei arrepiado. Contei a ela que conhecia o Sr. 51%. Ele havia me contratado muitos anos antes, na empresa anterior, para "ensinar liderança a essa gente". Suas palavras não foram exatamente essas, mas foi assim que a coisa aconteceu essencialmente. Esse executivo era detestado pelos colaboradores por causa de dois incidentes que resumiam sua maneira de administrar.

O primeiro deles aconteceu durante uma reunião "participativa". Ele se levantou e declarou: "Quero sua contribuição e opinião sobre tudo o que se passa por aqui. Desejo saber o que vocês pensam. Mas lembrem-se de que tenho 51% dos votos." Os colaboradores ficaram tão aborrecidos que ainda comentavam essa história dez anos depois, quando os conheci. A "Regra 51%", como ficou conhecida, significava: "Fale tudo o que quiser, porém esse espetáculo é meu. Se não gostar, vá para casa." E, a julgar pelo apelido que lhe deram, essa norma foi o legado que ele deixou. Quando alguns colaboradores no centro de distribuição da empresa me falaram desse caso pela primeira vez, fiquei imaginando se aquele executivo tinha sido mal compreendido. Talvez, argumentei na ocasião, ele estivesse tentando dizer que queria as idéias e que as usaria como valiosas contribuições para ajudá-lo a tomar decisões – o que, acrescentei, é um modo muito inteligente de administrar uma empresa. Eles riram de mim.

No outro incidente, que dizem ter ocorrido na mesma época daquele breve discurso, alguns colaboradores foram até à sala dele "oferecer-lhe suas valiosas idéias para a melhoria do centro de distribuição". No meio da conversa, o Sr. 51% apanhou um copo d'água de cima da mesa e disse: "Estão vendo o nível da água neste copo? Observem o que acontece quando coloco o dedo lá dentro. Viram como o nível da água não muda muito, esteja meu dedo dentro da água ou fora dela? Perceberam isto?" E sacudiu o indicador bem no rosto das pessoas enquanto afirmava: "Este dedo representa vocês. Se ele estiver aqui (disse, colocando o dedo dentro do copo) ou não (agora sacudindo o dedo), dá no mesmo. Não faz a menor diferença."

Estas histórias eram provas evidentes que o Sr. 51% era um autocrata, no mínimo. Provavelmente um ditador. O treinamento em liderança que ele estabeleceu não era nada além de uma tentativa vã de realçar a própria imagem. Bob Jeffers era o nome dele – um impostor.

– É ele – disse Janice. – Ficou bem claro desde o início que sua pauta de trabalho se resumia a ele mesmo.

– Então, você e Jeffers não se dão muito bem, posso concluir.

– Bem... primeiro ele me tolerou, depois passou a discutir comigo por qualquer coisa e agora está me ignorando. Em outras palavras...

– Você acha que vai receber cartão vermelho?

– É. Se eu não sair antes. Preciso da sua ajuda.

Fiquei imaginando a quantidade de empresas que estariam dispostas a contratar a Janice num piscar de olhos e não entendia exatamente por que ela havia me procurado. Janice conhecia todo mundo da comunidade empresarial em San Diego e era muito bem-conceituada no seu campo de atuação. Ela continuou:

– Preciso encontrar Garrison.

– Não estou entendendo – eu disse.

– Estou dizendo que quero que você me ajude a descobrir onde ele está.

– Eu? Quem sou eu para fazer isso? Sherlock Holmes?

– Escute, Steve, conversei com Garrison sobre o trabalho que você fez comigo, e ele disse que gostaria muito de conhecê-lo. Se você conseguisse encontrá-lo, ele falaria com você.

– E eu diria o quê a ele?

– Pode persuadi-lo a voltar.

– Hã... então você quer mesmo ficar na XinoniX.

– Só se as coisas mudarem.

– Certo. Verei o que posso fazer, mas há uma condição.

– Vá em frente. Estou escutando.

– Você não se demite, e nós dois começaremos a elaborar um plano sobre o que você vai fazer na XinoniX caso Garrison se recuse a voltar.

Janice ficou vacilante com a condição de não pedir demissão, mas acabou concordando.

Prometi a ela que faria contatos e ligações. Tinha um tempo livre antes da próxima viagem e, quem sabe, isso poderia até ser divertido.

– O que faz de Garrison uma pessoa tão especial? – perguntei a Janice antes de desligar.

– Bem, há muitas particularidades. Ele é inteligente, charmoso, um grande visionário e muito mais. Porém existe uma coisa a respeito dele que se destaca de todas as outras.

– O que é?

– O amor que ele tem por este lugar.

SETE

Aparentemente, o que aconteceu foi o seguinte: após nossa conversa, Janice foi para a empresa naquela manhã e deu início à tradicional ronda matutina pelas estações de trabalho. Ela sempre fazia questão de verificar o andamento das atividades com todo o seu pessoal antes que o caos do dia se instalasse – e nos últimos tempos estava especialmente vigilante. Sua equipe tinha dado seu máximo para concluir o novo plano de marketing e todos estavam mais exaustos do que o habitual. O contato direto e informal pela manhã com a líder ostensivamente destemida significava muito para eles, e Janice sabia disso. E esse fato também dava a ela o combustível emocional de que precisava para sobreviver a mais um dia sob o novo regime da XinoniX.

E aquele dia não parecia anunciar mais turbulência do que a habitual. Isto é, até Janice dar de cara com o bilhete colado no seu computador. Estava escrito: "Meu escritório. Agora. Jeffers."

Ela arrancou o papel do monitor. Com a pressão sangüínea em ritmo ascendente, saiu pelo corredor afora.

Ao chegar na sala do presidente, ele convidou Janice a entrar e pediu-lhe que se sentasse na elegante cadeira, forrada com couro. Ele se acomodou do outro lado da sua mesa, encarapitado numa espetacular poltrona ergonômica, muitos centímetros acima da linha de visão de Janice. A pasta verde que continha o plano de marketing da equipe da minha amiga estava nas mãos de Jeffers, e, como se isso fizesse parte de algum ritual, ele a balançou solenemente em frente ao próprio rosto, girou com maestria sua cadeira para a direita e jogou o conteúdo da pasta no lixo.

Em seguida, aparentemente sem uma palavra, sem um sussurro, sem um sopro e sem um suspiro, Robert J. Jeffers, o Sr. 51%, levantou-se e deixou Janice sozinha no escritório.

■ OITO

Lá estava eu de novo no mesmo restaurante, saboreando uma dose vespertina de café expresso e pensando no meu novo papel de detetive por puro acaso. A conexão, tal como se apresentava, entre Janice, Jeffers e eu era estranha demais para ser simplesmente ignorada. Fenômeno da "sincronicidade", de Jung – é como denominam esse tipo de coisa. Acho. Eu chamo isso de "coisa esquisita". Mesmo assim, ainda não tinha tido nenhuma idéia de onde começaria a procurar Garrison. Já era difícil o bastante encontrar a mim mesmo, quanto mais outra pessoa.

– Cara! – Ele tinha um jeito sorrateiro de chegar.

– Estava me procurando ou é só uma feliz coincidência? – perguntei.

– Acho que se chama "sincronicidade" – respondeu, provocando um arrepio que subiu pela minha coluna vertebral.

Edg vestia uma camisa no estilo havaiano, amarela brilhante e estampada com suculentos abacaxis maduros. Podia ver os olhos dele se enrugando num sorriso por trás dos óculos de sol pequenos e redondos. Era, uma vez mais, a imagem da sofisticação praiana.

– Tenho pensado em você – disse ele, estacionando na minha mesa. – Nós dois temos muito sobre o que conversar. Por isso quero que nos encontremos diariamente durante os próximos quatro dias.

– E eu quero que *você* dance hula-hula com um osso no nariz – respondi.

– É mesmo? – Ele parecia estar considerando a possibilidade. – Por quê?

– Acho que estou lhe fazendo a mesma pergunta, Edg.

– Embora eu corra o risco de parecer misterioso, direi apenas que estamos prestando, um ao outro, um grande favor – afirmou.

Bem, isso soou misterioso e, sinceramente, um pouco sem sentido. Suponho que tenha sido por isso que concordei. E mais ainda: a verdade era que eu havia pensado nele também e tinha algumas perguntas para lhe fazer que estavam atreladas à conversa da véspera. Expliquei que estava trabalhando num projeto para uma amiga e não fazia a menor idéia de quanto tempo dedicaria a essa atividade. Por esse motivo, ele teria que ser flexível com o horário.

– E o que, exatamente, está na pauta das nossas reuniões diárias? – perguntei.

– Um salto radical! – animou-se Edg.

E foi o que fizemos. Saltamos para o meu carro.

■ NOVE

– Aonde vamos? – perguntei, sentindo-me estranho, afinal era eu quem estava ao volante do meu Mustang conversível.

– Vá para o norte, rapaz – disse ele, colocando a cabeça para fora da lateral do carro, assim como fazem os cachorros.

Viajamos em silêncio, subindo a costa para North County, em San Diego. Passamos por Pacific Beach, La Jolla e Del Mar, praias conhecidas por sua beleza e seu luxo, repletas de residências caríssimas com vista para o mar.

Quando passávamos por Solana Beach, Edg mandou que eu entrasse à direita, numa estrada cercada por pedras. A vista do mar desapareceu. De repente, e para minha surpresa, estávamos atravessando um camping para trailers. Um camping para trailers? Ao longo da costa? Não conseguia me decidir sobre o que era mais estranho: o fato de o camping estar ali ou de eu nunca ter notado isso antes.

– É aqui que você mora? – perguntei.

Ele apontou para a frente, na direção de uma rua estreita cercada por arbustos.

– Estacione ali – ordenou, obviamente ignorando minha pergunta.

– Você não é um eremita – eu disse ao parar.

– Vamos!

Edg saltou por cima da porta do carro e correu por um caminho em direção a um trailer duplo, cuja porta de madeira imitando carvalho era ladeada por dois pés de rosas vermelhas. Ele entrou sem bater e desapareceu.

"Certo... só preciso desligar o carro, fechar a capota, etc. Estou indo. Vá em frente, não espere por mim...", pensei.

Ele tinha deixado a porta do trailer aberta. Entendi o gesto como um convite e atravessei a soleira. Fiquei inebriado com o perfume das rosas.

Sempre imaginei que os trailers fossem escuros e pouco aconchegantes, mas aquele estava iluminado com a luz do sol, que entrava por uma longa janela lateral que se abria diante de um pequeno jardim meticulosamente cuidado. Buganvílias, jasmins e mais rosas vermelhas. Foi onde vi Edg ao lado de um senhor mais velho. Os dois homens estavam afastando os braços um do outro, terminando o que certamente tinha sido um forte abraço. Olharam na minha direção e acenaram para que eu me aproximasse.

Assim que atravessei o jardim, o homem segurou minha mão direita firmemente e colocou a mão esquerda no meu cotovelo. O cabelo curto e prateado brilhando ao sol produzia um efeito incrível em contraste com sua pele escura. Ele era uma mistura de descendentes de africanos e asiáticos, imaginei, e isso me fez lembrar da beleza deslumbrante das pessoas que tinha visto em Trinidad muitos anos antes.

Sei que é um clichê descrever alguém com olhos "brilhantes" e "iluminados", como se tivessem "uma luz interior", mas você terá que me desculpar, porque os olhos dele eram exatamente assim. E a tonalidade mais escura da pele fazia com que aqueles olhos, de um azul-acinzentado, faiscassem mais ainda quando encontravam os meus. O sorriso era franco e carinhoso e, de algum modo, familiar.

– Steve, gostaria de lhe apresentar Pops. Pops, este é Steve – disse Edg.

– Todos os meus amigos me chamam de Pops. Seria uma honra para mim se você também me chamasse assim – ele falou, com uma voz profunda e ressonante.

Em seguida nos sentamos ao redor de uma pequena mesa, debaixo de uma treliça enlaçada pelos galhos do jasmineiro. Nosso anfitrião serviu três copos de suco de laranja.

– Contei a Pops tudo sobre você – disse Edg com um pouco de malícia na voz – e acredito que você já sabe muito sobre ele.

– Desculpe, mas não faço a...

– William G. Maritime é como me conhecem pelo mundo afora – explicou Pops, também com um pouco de malícia na voz – e especialmente na imprensa especializada.

Fiquei de queixo caído. William Maritime era um verdadeiro deus do mundo empresarial. Foi por isso que tive a sensação de que o sorriso dele me era familiar: já o tinha visto na capa das revistas *Forbes* e *Newsweek* e também na *People*.

Eu sabia que a W. G. Maritime e Filho era uma poderosa empresa com ótimo conceito no mercado não só por causa dos seus excelentes resultados financeiros como por sua atuação em prol da comunidade. Era uma dessas organizações iluminadas sobre as quais os gurus da administração sempre comentavam e freqüentemente era mencionada como uma das dez melhores companhias dos Estados Unidos para se trabalhar. As citações de William Maritime eram quase tão conhecidas quanto as de Jack Welch. Eu mesmo tinha um slide em uma apresentação que dizia:

> *"Ame os jogadores ou perca o jogo."*
>
> – William Maritime

Ele começou no negócio de leasing de navios. Com o passar do tempo, diversificou as atividades, no estilo da GE, e passou a atuar numa série de áreas: da indústria do entretenimento até à de equipamentos de limpeza industrial a vapor. Então, num belo dia, muitos anos atrás, aposentou-se e praticamente desapareceu dos noticiários. Aquele homem era um mito – um mito que, poucos minutos antes, havia me servido um copo de suco de laranja num pequeno jardim atrás do seu trailer.

– Eu... – comecei com segurança. – Eu... estou – continuei construindo minha frase original – em outra dimensão, não é?

Edg caiu na gargalhada, evidentemente se deliciando ao assistir minha luta em busca de equilíbrio.

– Não, é o mundo real, cara. Confie em mim – afirmou ele.

– Edg e eu estamos juntos há muito tempo. Quando ele me falou sobre o encontro casual de vocês e sobre a conversa que tiveram depois, pedi que o trouxesse junto na próxima visita. E aqui estamos. Tudo bem? – perguntou William "Pops" Maritime.

– Tudo ótimo – respondi. – Mas temos que ser rápidos porque estão me esperando para o chá no Palácio de Buckingham.

– Bom sinal – disse Pops, sorrindo sob o brilho do sol. – O choque passou depressa.

■ DEZ

Se você tivesse me dito hoje de manhã que, por volta do meio-dia, eu estaria tomando suco de laranja na companhia de William Maritime, eu teria rido na sua cara. Mas, inegavelmente, isso estava acontecendo, e eu não ia perder a oportunidade de absorver o máximo daquela grande mente iconoclasta.

– Já ouviu falar em AMD!? – perguntei para ver se ele e Edg já tinham conversado a respeito disso alguma vez.

– Claro que sim.

– E o que tem a dizer sobre o assunto?

– O menino botou você para pensar, não foi? – comentou Pops, levantando o dedo polegar para Edg. – Bem, AMD! é um conceito memorável. Também não resta a menor dúvida de que, no geral, é um aspecto válido e importante da experiência humana e, no particular, da experiência em liderança.

Pensativo, ele fez uma pausa e tomou um gole longo antes de continuar:

– Mas, se você parar por aí, não vai perceber o sentido geral de liderança...

– E qual é ele?

Essa pergunta saltou dos meus lábios num reflexo e eu me senti totalmente infantil. Provavelmente ele quis dizer isso de modo retórico. Liderança é um assunto complexo e multifacetado, não pode ter um "sentido geral". Fui ingênuo ao pensar que Pops estaria disposto a completar o pensamento.

Ele olhou para mim sem esboçar nenhuma expressão.

– Não importa. Foi uma pergunta estúpida. Isso não existe – tentei consertar.

– Deixe-me fazer uma "pergunta estúpida", Sr. Farber. Por que se preocupa com isso?

– Supondo que exista de fato um "sentido geral" de liderança, me preocupo porque estudo esse assunto. Eu me preocupo porque meu trabalho é ajudar executivos a serem melhores líderes e me preocupo porque... – ouvi minha própria voz ir sumindo dentro de uma profunda caverna vazia.

– Ah, então a resposta é "porque"? – ele disse.

– Tenho certeza de que consigo fazer melhor do que isso. Você me pegou desprevenido.

Ele me descontraiu com um sorriso largo e carinhoso.

– Entendo – afirmou Pops. – Poucos executivos se dão ao trabalho de refletir por que se preocupam com qualquer coisa que fazem, com as decisões que tomam, com os clientes e colaboradores ou por que se preocupam com o negócio além do seu próprio salário. Não se sinta mal. Mas essa é uma pergunta que nunca pegará um verdadeiro líder "desprevenido", como você diz.

– Você não acha que está fazendo uma suposição grande demais? – perguntei.

– É isso que estou fazendo?

– Acredito que sim. Para afirmar que os líderes empresariais desejam saber *por que* se preocupam, você está pressupondo que eles *se* preocupam.

– Claro que sim – concordou Pops.

– Está me dizendo que os gerentes, supervisores e executivos sempre são motivados por suas preocupações?

– Claro que não.

– Também achei que não – eu disse.

– Mas os líderes são motivados por isso.

– Na verdade – interrompeu Edg –, "preocupar-se" nem mesmo de longe toca no cerne da questão, não é mesmo, Pops?

– Não, não chega nem perto. Usei a palavra "preocupação" apenas para engatilhar a conversa. Preocupar-se é uma versão, de alguma forma politicamente correta e esmaecida, da verdadeira motivação do líder. Para um Líder Radical, como Edg gosta de dizer, a questão é muito mais profunda.

– Então, os Líderes Radicais não são motivados pela preocupação? – perguntei.

– Não complique as coisas, meu amigo. Claro que eles se preocupam, mas a preocupação deles está enraizada, em última instância, no amor.

– Amor – repeti, com um quê de ceticismo. Sentei-me por uns instantes e deixei a idéia penetrar na minha mente. – Amor pelo quê?

– Exatamente. Amor pelo quê? Amor pelo futuro que estamos tentando criar juntos – disse Pops. E, passando a falar de repente na primeira pessoa, ele continuou:

– Amor aos princípios sob os quais estou tentando viver, amor pelas pessoas que estão ao meu redor e amor pelo que elas querem para suas próprias vidas. Amor pelos clientes que tenho e amor pelos clientes que poderei vir a ter se eu for mais inteligente, mais rápido e mais criativo no atendimento de suas necessidades. Amor pelo impacto que posso provocar na vida desses clientes e, se for bastante audacioso, no mundo. Amor pelo que o nosso negócio realmente é e amor pelo que, depois de separar o joio do trigo e de me livrar do joio, eu de fato executo diariamente no trabalho.

Pops fez uma pequena pausa, como para organizar os pensamentos, embora não parecesse que precisassem ser organizados. Talvez a pausa tivesse sido para que eu pudesse assimilá-los com clareza.

"Se amo quem nós somos e se amo o que podemos ser, então amarei o processo pelo qual chegaremos lá. E, para fazer com que tudo isso aconteça, vou agir com toda a coragem e determinação e, às vezes, fracassarei de modo espetacular. Mas meu amor me impele a tentar. *Exige* que eu faça isso", refleti.

– A diferença entre um louco e um profissional é que um profissional faz o máximo que pode de acordo com o que se propôs a fazer, ao passo que um louco faz excepcionalmente bem o que ele não consegue deixar de fazer – recitei para eles.

– Bukowski! – Pops e Edg exclamaram ao mesmo tempo.

– Falei primeiro! – gritou Edg, brincando, e os dois começaram a rir.

– Bukowski, apesar de toda a bebedeira envolvida nas suas conquistas – Pops continuou –, acertou em cheio. É sobre a loucura do amor que estou falando. Melhor dizendo: do que pode ser visto como loucura pelos que não compartilham da mesma paixão. O título de um dos seus poemas, *O mais importante é como você caminha pelo fogo*, também vem a calhar. No contexto da nossa conversa, ter amor e não fazer nada a respeito não é liderança na definição de ninguém. É necessário expressar o amor. É preciso andar pelo fogo. E, ao tentar manifestar meu amor de forma verdadeira, tangível e relevante, vou experimentar o medo e terei que enfrentar a incerteza. Esta é a natureza da Liderança Radical: a dinâmica interação do amor com o medo. Agir por amor provoca medo, e o amor me dá coragem para trabalhar apesar do medo.

– O amor também é a primeira parte da definição de liderança de Edg – complementei, parecendo um jovem estagiário de recursos humanos.

– É. O "sistema" de Edg. – Pops sorriu para Edg. – Você é um jovem brilhante!

Era bom sentir a dinâmica entre os dois, e eu podia dizer que uma história mais profunda os unia.

– Tenho a impressão de que você já ouviu algo sobre isso em algum lugar antes – afirmei.

– É... você poderia dizer que sim. Mas o amor não é "a primeira parte do sistema" – esse sentimento se expressa *através* do sistema. Eu apresentaria a questão da seguinte maneira: Amor produz Energia, inspira Audácia e requer Prova. Isto é simplesmente a forma ativa e dinâmica que o Líder Radical tem de expressar seu amor.

– O Líder Radical – continuou o célebre Sr. Maritime – cultiva o amor de forma consciente e intencional para produzir energia ilimitada e inspirar audácia arrojada. E ele ou ela tem que apresentar a prova de que tudo isso vale a pena. E a prova se estabelece pela coerência entre palavra e ação, pela defesa do que é certo, por sinais de progresso mensuráveis e tangíveis e por meio da experiência tanto de um sucesso fenomenal quanto de um glorioso fracasso. Esse é o princípio. E, se me permite acrescentar, é isso que cria o AMD! Ou seja, o AMD! é o medo que surge na busca pela criação de algo maior do que a realidade de determinado momento. E o desejo de criar algo maior é uma corajosa expressão de amor. É simples assim.

É... simples assim.

■ ONZE

Tive que admitir que esse aspecto do amor fez muito sentido para mim. Mas também precisei reconhecer que fantasmas de milhares de executivos pareciam estar sussurrando nos meus ouvidos: "Frescura... frescura..." Acredito que a dúvida fantasmagórica transpareceu na minha fisionomia.

Edg entrou na conversa, fazendo dobradinha com o amigo Pops.

– Isso atinge diretamente o ponto principal. Amor é um bom negócio, cara. Você sabe bem disso por suas próprias... hum... vamos chamá-las de aventuras românticas.

– Como é que é? – perguntei.

– Tente se lembrar do primeiro ou segundo encontro com aquela pessoa por quem você estava louco de paixão.

– Quer que eu pense num encontro amoroso?

– É, isso mesmo. Vamos raciocinar juntos. No começo, você estava realmente ligado em tudo, não é? Escutou cada palavra que ela disse e observou todos os detalhes: o que ela estava usando, o prato que pediu para jantar e as músicas das quais ela disse que gostava. E fez milhares de anotações mentais. Coletou dados. E o que fez com esses dados?

– Não faço a menor idéia.

– Você reagiu, você agiu. Satisfez os desejos que ela manifestou, adivinhou aqueles que ela não expressou e atendeu esses também.

– Você estava lá?

– Não, não no seu encontro. Mas também já passei por isso, assim como todas as pessoas que alguma vez se apaixonaram.

Estava começando a achar que eu talvez não fosse alguém assim tão especial. E o que ele disse em seguida confirmou isso.

– Então, na vez seguinte em que saíram, você a apanhou no seu Mustang especial, mas deixou a capota abaixada. Afinal, embora você adore sentir a sensação do vento entrando fortemente pelo carro, lembrou-se de que a moça lhe contou sobre o tempo que ela levou para arrumar os cabelos. Ainda na porta da casa dela, você lhe deu sua flor favorita – uma rosa vermelha. – Edg arrancou uma rosa para acrescentar efeito dramático à história. – Depois, levando-a pelo braço, você a escoltou até à sua carruagem.

– Sou tão previsível assim? – perguntei. Ele deu um sorriso forçado. – Então, o que aconteceu depois, espertinho? – desafiei.

– Depois vocês foram ao teatro, porque você soube que ela adorava *La Traviata*, e, por uma dessas coincidências, essa ópera estava sendo encenada na cidade. Não importa se até a semana anterior você imaginasse que *La Traviata* fosse o nome de um restaurante italiano e, seja honesto, ainda gostaria que fosse. Você teria preferido assistir aos Rolling Stones pela vigésima vez. Mas também sabia que sua alegria viria, de forma indireta, através da felicidade dela. E foi o que aconteceu quando você viu aquelas lágrimas, induzidas pela voz do tenor, rolando, bem no estilo operístico, pelo rosto da sua amada. Sua alegria surgiu da compreensão de que você havia feito uma coisa muito boa e que havia conquistado o coração da moça.

Certo. Eu tinha ido à ópera uma ou duas vezes em anos, e não porque seja um aficionado do gênero. Na realidade, acredito que jamais escolheria ir a um lugar onde as pessoas dizem coisas como "Sou um aficionado do gênero" – a menos que fosse para agradar à pessoa com quem estou ou para impressionar alguém que eu quisesse conquistar.

– Tudo bem, você me pegou, Edg. Sou culpado e não nego. Sou um sem-vergonha, manipulo as pessoas e tramo...

– Espere, Steve – Pops entrou na conversa. – Você está levando isso para o lado errado. Não é sobre seus rituais amorosos, é sobre negócios.

– Não estou certo do que está se passando aqui – admiti, sentindo um alívio por minha vida amorosa ter sido usada apenas como uma metáfora.

– As relações no mundo dos negócios – Pops continuou – são ganhas de forma análoga sempre que uma pessoa dá constante atenção às necessidades, desejos, esperanças e aspirações de todos os que têm a ver com seu negócio. E também quando ela tem discernimento não só para permanecer firme na sua opinião (na verdade, existe o lado difícil do amor) como para sacrificar algumas necessidades imediatas para que todos alcancem o sucesso a longo prazo. E também quando fornece provas, pelas próprias ações, de que realmente ama seu negócio, seus clientes, seus colegas e seus colaboradores.

– Você tem que *provar* que ama as pessoas no trabalho? – presumo que o tom da minha voz tenha soado um pouco mais desafiador do que o pretendido.

– Isso não é nenhuma maluquice. Dizer que não há um lugar apropriado para o amor no trabalho é o mesmo que dizer que não existe um lugar apropriado para os seres humanos no trabalho. É loucura – afirmou Edg.

– Posso sentir a contorção coletiva de todos os profissionais de Recursos Humanos. – Fiz essa observação na esperança de desanuviar o ambiente, mas não funcionou.

– Preste atenção – Edg continuou. – Você leva o coração para o trabalho, assim como todas as pessoas. Simplesmente não existe a possibilidade de chegar ao escritório, arrancar o coração do tórax e deixá-lo pulsando na calçada até que você volte. Portanto, use-o. Se seu coração está apenas executando uma função anatômica, então você está desperdiçando um órgão poderosíssimo.

– Se não tomarmos cuidado, perderemos a chance de fazer as pessoas entenderem quanto nos preocupamos com elas – Pops acrescentou. – A ironia é que muitas vezes não damos atenção a quem é realmente importante para nós. É como a história daquele casal que está junto há trinta anos. Estão sentados à mesa em mais uma manhã: ela bebericando o café, ele escondido atrás do jornal. Ela pergunta por que nunca mais ele dissera que a amava. E ele, detrás do jornal, responde: "O que você quer dizer com isso? Eu lhe disse que a amava quando nos casamos. Se alguma coisa mudar, você vai ficar sabendo."

Caí na risada, tanto pela história quanto pela maneira genial como fora contada por Pops. Excelente orador. Ele prosseguiu:

– Na vida profissional é a mesma coisa. Quando alguém faz um grande trabalho, pode ser que você lhe dê um tapinha nas costas e lhe diga: "Parabéns!" Mas, se você não se dispuser a parar, a se concentrar e dizer quanto você aprecia aquela pessoa, acabará sem entender por que ela pediu demissão ou perdeu o interesse pelo que faz. Então, diga-lhe isso naquele exato momento, não perca sequer um minuto, porque você nunca saberá quando o próximo minuto será o último.

– Portanto, tenha certeza de reconhecer o mérito das pessoas com quem trabalha, na hora certa – completei. – Com o devido respeito, Pops (eu ainda estava sentindo dificuldade em chamá-lo assim), essa é a mais antiga técnica de gerenciamento que encontramos nos livros.

Ele me lançou um olhar que quase me atravessou a cabeça e saiu pela nuca. Imediatamente, senti o poder daquele homem. De repente percebi, como se estivesse despertando de um devaneio, que tinha sido levado a considerá-lo apenas um amante das plantas que saboreava suco de laranja e morava num trailer. Um homem maduro e aposentado. Mas não era nada disso. Ele havia construído um império. E impérios não são criados com um conjunto de "técnicas" frágeis e sentimentais.

Pops afastou a cadeira e ficou de pé na minha frente sem tirar os olhos de mim.

– Uma vez mais, Sr. Farber – disse W. G. Maritime, construtor de um império. – Você não entendeu nada.

Virou-se e desapareceu no trailer.

– O que aconteceu? – perguntei ao Edg.

– Ele vai voltar.

– Eu o aborreci?

– Acho que você ativou o botão dos provérbios. – Ele sorriu e eu me senti aliviado, mas não muito.

Em seguida nos sentamos e tomamos um gole do suco de laranja em silêncio. Alguns minutos depois, Pops voltou trazendo um bloco de papel e um livro cujo título não consegui identificar.

– *Band of Brothers: companhia de heróis* – explicou ele, tornando a se sentar. – Quero ler algo para você. – Pôs o bloco sobre a mesa e folheou o livro. – Esta é uma carta escrita pelo sargento Floyd Talbert para o "superior", major Dick Winters, em 1945. Talbert tinha sido ferido na frente de batalha da guerra contra a Alemanha e estava numa cama de hospital quando escreveu: "Dick, você é amado e nunca será esquecido por nenhum soldado que algum dia serviu sob suas ordens ou, melhor dizendo, com você, porque esse é o modo como você comanda... eu o seguiria até o inferno." Agora, quero que você me diga, Steve – e tornou a me encarar. – Será que isso soa como "técnica de gerenciamento"?

– Bem, não. Mas...

– Vamos deixar bem claro. Quando Talbert escreveu "eu o seguiria até o inferno", ele não estava falando metaforicamente. Afinal, já havia seguido Winters ao inferno. Literalmente. E faria isso de novo. E por uma única razão: amor. Amor pelo país, amor pelos irmãos e amor pelo major.

Ele parou de falar, e o silêncio se instalou. Depois prosseguiu:

– Agora, você vai me dizer que ele estava praticando uma "técnica" para se dar bem com o gerente? Que estava tentando puxar o saco dele, manipular a situação para tirar alguma vantagem no futuro? Era isso o que ele estava fazendo com esta carta, Steve?

– Não.

– Tenho algo para você – disse Pops, rasgando a primeira folha do bloco de anotações que estava sobre a mesa.

Era uma carta para mim. De William G. Maritime. Escrita numa letra precisa e elegante. Possivelmente, era o que ele estava fazendo quando entrou no trailer. Estava escrito:

Prezado Steve,

Acabamos de nos conhecer e já dá para saber que você é uma pessoa extraordinária. Antes que comece a negar, deixe-

me assegurá-lo de que sou conhecido no mundo pela capacidade de julgar o caráter das pessoas. Eis o que sei sobre você, Steve: se você se permitir lembrar por que se tornou um consultor de liderança, se deixar seu coração se recordar dos ideais que no passado celebrou como verdades invioláveis, se você se esforçar para expressá-los na voz do próprio Farber e se você se der o direito de ter a experiência gloriosa de ajudar os outros a fazer o mesmo, vai tocar o mundo de um jeito que ultrapassará os limites da sua imaginação.

Eu e muitas pessoas adoraríamos ver isso.

Com amor,

Pops

O que aconteceu em seguida foi um choque total e inesperado: meus olhos verteram uma única e perfeita lágrima cristalina que rolou pelo rosto e espirrou sobre o papel.

– Obrigado.

Foi tudo o que consegui dizer.

■ DOZE

Estávamos nos despedindo perto do meio-fio, ao lado do Mustang. Pops tinha nos acompanhado e agora apertava calorosamente minha mão e me passava uma última pequena pérola de sabedoria. E disparava também a última bomba.

– Muito prazer, meu amigo – ele disse. – Nunca me esquecerei desta tarde e espero que você também não.

– Provavelmente jamais – respondi.

Eu havia dobrado a carta com todo o cuidado e a colocado no bolso de trás da minha calça jeans, onde ficaria até que trocasse de roupa. Portanto, ela estaria o tempo todo comigo. Disto eu já sabia: eu a carregaria comigo de bolso em bolso até quando o papel agüentasse. Já estava pensando em plastificá-la.

– Presumo que não nos veremos de novo, Sr. Farber.

Ele viu a decepção no meu rosto, tenho certeza. Eu estava intimamente esperançoso de que tivesse acabado de ganhar um novo mentor e ao mesmo tempo duvidando de que merecesse um.

– Este pequeno trailer é apenas um posto avançado ou coisa parecida. Um lugar agradável para me recolher e recobrar as forças antes de seguir adiante.

– Adiante para onde? – perguntei, embora duvidando de que minha curiosidade fosse satisfeita.

– Lembre-se, Steve – ele respondeu, confirmando minhas desconfianças. – O Líder Radical cultiva amor, produz energia, inspira audácia e apresenta provas. Você tem que se apaixonar de novo pelo trabalho da sua vida, meu amigo, ou sua energia minguará, sua voz vacilará e não haverá nada a provar além do fato de que você está ocupando um espaço valioso. E não estará ajudando nem a desenvolver nem a perpetuar a Liderança Radical da qual nosso frágil mundo precisa tão desesperadamente hoje em dia. Eu o desafio a viver à altura do seguinte ideal:

"Faça o que você ama para servir as pessoas que amam o que você faz."

– Parece muito bom – respondi.

– Há três partes: *"Faça o que você ama"*, ou seja, esteja certo de que seu coração está no seu trabalho e de que você está por inteiro e de bom grado em tudo o que faz. Se não estiver completamente envolvido na sua própria atividade, não servirá de inspiração para que outros ajam assim também. *"Para servir as pessoas"* é o que manterá sua autenticidade, honestidade e ética, no mínimo. Caso esteja realizando aquilo que ama, fará feliz a si mesmo. Mas Liderança Radical não é só sobre você, é também sobre o impacto que você causa na vida dos outros. *"Que amam o que você faz*" não quer dizer que você deva encontrar pessoas que o amem e depois servi-las, e sim que é sua responsabilidade dar, a todos a quem você serve, algo para amarem em você e naquilo que você executa. Notou a diferença, Steve?

– Sim – e confirmei. – Sim.

– E você, meu filho – e virou-se para um Edg diferente, quieto –, o vejo depois, não é?

– Claro, Pops. Estou com você como o branco do arroz, como os pontos dos dados.

– Como o frio do gelo, mas por duas vezes o preço – cantarolou Pops.

Havia algo profundo entre aqueles dois. Fiquei com ciúmes, embora não fosse preciso.

– Amo você, Pops – disse Edg, dando-lhe um abraço e um beijo carinhoso.

Percebendo que fiquei sem jeito diante da demonstração explícita de afeto, Pops virou-se para mim e disse:

– Está certo... abraços e beijos no trabalho nem sempre são apropriados, nesse aspecto você tem razão. Mas um filho pode beijar o pai, não é verdade?

Então compreendi: eu não havia simplesmente passado a tarde com Pops e Edg, tinha estado com W. G. Maritime e seu filho.

TREZE

Quando alguém retorna de um universo paralelo, descobre que o tempo no mundo real estancou. Aparentemente. A julgar pelo pisca-pisca da secretária eletrônica, eu não tinha estado numa dimensão atemporal. O mundo continuava a se mover vagarosamente.

Ignorei a luz indicando que havia mensagens, abri as portas de correr que davam para a varanda do apartamento e apreciei a vista. A água de Mission Bay estava começando a escurecer e a dançar ao cair do crepúsculo enquanto uma leve brisa sacudia as palmeiras.

Sentia-me meio zonzo, de pé, na varanda, depois de passar horas quase surrealistas com Pops Maritime e Edg. Encontros fortuitos. Aquela conversa tinha sido um produto exclusivo do acaso. Tudo havia conspirado para um grande, inesperado e divertido golpe na cabeça.

A luz continuava piscando. Parei por um instante para admirar sua persistência. Estava na hora de renovar meu interesse pelo mundo real. Porém o mundo real não parecia estar muito interessado em mim. Só havia uma mensagem.

Era Janice: "O Sr. 51% passou dos limites. Estou a ponto de pular fora deste lugar. Mas não me esqueci de que lhe fiz uma promessa. Então, se quiser continuar a me ver como uma mulher de palavra, apareça no meu escritório, e que isso seja sua primeira tarefa amanhã de manhã." Houve uma breve pausa. "Por favor", a voz dela amoleceu. Desligou.

Senti uma combinação estranha de lisonja com aborrecimento ao escutar a chamada aflita de Janice. Lisonjeado porque ela me valorizou o bastante para pedir ajuda. Por outro lado, me chateou porque, sinceramente, não sentia vontade de lidar com esse tipo de problema. Não naquele momento. Ainda estava tentando processar tudo o que tinha ouvido dos meus dois novos amigos, e as dificuldades de Janice estavam colidindo com meu estado mental reflexivo.

Naquele instante notei que estava, inconscientemente, dedilhando sobre um pedaço de papel no bolso de trás da calça. Apanhei-o: "Vai tocar o mundo de um jeito que ultrapassará os limites da sua imaginação."

"Certo, estarei lá", respondi para a secretária eletrônica. Não poderia ser de outro jeito

Sexta-feira

QUATORZE

A sede da XinoniX estava instalada num conglomerado de empresas de biotecnologia, internet e software, na área de Sorrento Valley, em San Diego. Muitas pessoas esperavam que esse bairro industrial se tornasse o epicentro da próxima revolução da biotecnologia. A recessão que se seguiu ao fenômeno "ponto com" reduziu um pouco a velocidade das atividades ali, mas muitas pessoas permaneceram esperançosas. Eu era uma delas – embora deva admitir que, como um péssimo aluno de Física e Biologia no colégio, os negócios científicos eram, no mínimo, desconcertantes para mim. No entanto, não acreditava que tinha que entender de uma área para ser otimista quanto ao seu futuro – às vezes a intuição é o bastante.

Estacionei o carro e atravessei as portas automáticas que levavam à recepção. Assinei o registro de visitantes e avisei a recepcionista sobre meu compromisso com Janice. Sentado no sofá, esperando a liberação para entrar no purgatório corporativo, fiquei estudando o logotipo da XinoniX, em destaque na parede. O "x" maiúsculo em cada extremidade servia, presumi, para representar os cromossomos.

XinoniX também era um palíndromo – a mesma palavra, quer se leia a partir do começo ou do fim. "Inteligente", pensei, no momento em que Janice cruzava a porta. Ela usava calça jeans de grife e um blazer de lã sobre uma camiseta gelo simples. Informal, mas confiante – clássica. Janice e eu nos abraçamos e trocamos algumas palavras enquanto íamos pelo corredor, bem à vista de numerosos pares de olhos e orelhas curiosos.

Entramos no escritório. Seu comportamento mudou assim que ela fechou a porta atrás de nós. Algo saíra errado. Janice estava chorando.

Ela se recompôs depressa, secando os olhos com um lenço de papel que tirou de uma caixa já meio vazia sobre a mesa. Permaneci quieto, não exatamente por respeito, mas porque não fazia nenhuma idéia do que dizer. Embora Janice fosse uma pessoa vibrante e emocional, exibições de lágrimas não combinavam de jeito nenhum com seu caráter.

– Desculpe – disse com determinação. – Sente-se, Steve.

– Não é necessário se desculpar, Janice – afirmei, deixando-me cair numa cadeira superacolchoada. – Conte-me o que está acontecendo. Vamos ver se posso ajudar de alguma forma.

– Certo, doutor – reagiu com ironia, um lampejo de bom humor em meio à tristeza. Caminhando de lá para cá diante da mesa, ela me colocou a par do seu mais recente encontro com Jeffers. Não deixou escapar nenhum detalhe, como se tivesse assistido a um vídeo várias vezes. Concluiu o relato com uma demonstração de cansaço: – Para mim CHEGA! – e sentou-se na ponta da mesa.

– E agora? – perguntei. Afinal, sou pago para fazer perguntas inteligentes.

– Agora você me ajuda a entender por que eu deveria permanecer na XinoniX.

Eu não fazia a menor idéia do que *eu* ia dizer em seguida. Mas tive a impressão de que uma semente havia sido plantada no meu cérebro, sem que eu tivesse notado, e agora desabrochava com este botão na minha boca:

– Por que você ama este lugar, Janice?

– Acho que você não prestou atenção no que acabei de falar. Eu não amo este lugar.

– Não ama mais.

– Certo. Não amo mais.

– E... por que você *amou* este lugar?

– O trabalho que fazemos é importante.

– Está usando o verbo no presente.

Ela parou e refletiu sobre o que isso significava.

– Está bem. Ainda é importante.

– Por quê?

– Porque há muita gente aqui que dedicou incontáveis horas de trabalho para fazer com que nossos produtos decolassem. Para todas essas pessoas e suas famílias há muito em jogo.

– Isso é uma verdade em qualquer empresa, não é mesmo?

– Não exatamente como aqui. Nós desenvolvemos o software que os cientistas usam para criar novos medicamentos.

– E daí?

– O que quer dizer com "e daí"?

– Quero dizer, Janice, que há um mundo de coisas que uma pessoa com talento igual ao seu pode fazer. Para alguém com sua experiência, um plano de marketing é uma coisa simples, uma vez que aprende as particularidades do negócio.

– Não se trata apenas de marketing.

– Não? E se trata do quê, então? – perguntei.

– Isso tem a ver com salvar o mundo – disse ela, sem demonstrar um traço sequer de embaraço.

Pensei na minha primeira conversa com Edg quando ele citou Carly Fiorina: "A maior obrigação de um líder é tornar possível um ambiente em que as pessoas possam ambicionar mudar o mundo." Minha presunção foi a de que Fiorina quis dizer mudá-lo para melhor. O projeto de trabalho de Janice a qualificaria para isso.

– Então, você e sua equipe vão salvar o mundo. Um pouco pretensioso, não acha?

– Olhe – disse ela levantando-se –, daqui a quinhentos anos, a época em que estamos vivendo agora vai ser lembrada por duas coisas. – Um rubor cobriu-lhe o rosto quando a voz subiu uma escala. E continuou: – Número um: nós desenvolvemos a tecnologia para destruir a raça humana. Número dois: nós desenvolvemos a tecnologia para *salvar* a raça humana. – Agora ela estava praticamente aos gritos. – E quero que *nós* sejamos lembrados pela tecnologia que salvou a raça humana. *É* por isso que nosso trabalho é importante.

– Bem, e lá vai você – comentei. – Quer que eu a ajude a rascunhar uma carta de demissão?

– Muito engraçado – reagiu Janice.

QUINZE

Mais tarde, naquele mesmo dia, eu me lembrei do breve, porém poderoso, encontro com Janice. Ela havia se esquecido por que amava seu trabalho e perdera o gás. Mas, assim que se lembrou, sua energia retornou com a vibração de sempre. Foi fantástico presenciar aquilo: ali, bem diante dos meus olhos, ela reunira forças para se tornar uma Líder Radical na XinoniX, com ou sem a ajuda do Sr. 51%.

Depois que mudou de registro, por assim dizer, Janice só faltou me empurrar para fora do escritório com uma repreensão: "Vá procurar o Teddy como prometeu." Mas não antes de ter sussurrado: "Obrigada", e com uma gratidão tão profunda que eu não merecia de jeito nenhum. Na verdade, eu não havia feito nada além de lhe dirigir a pergunta certa no momento certo – nem mesmo estava consciente de que iria formular aquele tipo de questionamento.

Agora, com um saco de batatas fritas na mão, passei pela montanha-russa da Mission Beach a caminho do calçadão. Os turistas e a garotada bonita de fim de semana tinham começado a migração, por isso o fluxo de pedestres estava pesado naquela tarde de sexta-feira.

Esperei por uma oportunidade para cruzar o calçadão e, finalmente, encontrei uma brecha entre um praticante de skate e um grupo de três moças de patins. Atravessei correndo e me empoleirei na mureta que dá para o mar. Assumindo a posição de espectador, fiquei à espera de Edg.

Esse era o segundo dos quatro dias de encontros que eu combinara com ele. Depois da minha viagem ao trailer de Pops na véspera, estava na maior ansiedade. Mesmo assim, ainda tinha apetite para as batatas fritas.

Estava mastigando a batata número um quando me veio à mente o misterioso Sr. Garrison. Ainda não tinha feito nada para tentar localizar o homem e sabia que Janice contava com minha vitória nessa missão. Embora nós dois fôssemos almas gêmeas no que se referia à esperança, eu não compartilhava do otimismo dela em relação a essa empreitada.

Afinal de contas, minhas técnicas investigativas eram limitadíssimas. Eu não tinha a menor idéia de como agir. Fiz uma anotação mental para dedicar um tempo ao assunto naquela mesma noite, o que não passava de um recurso para eu não pensar naquilo até lá.

Ao começar a devorar a batata número dois, observei uma cadela que estava vindo na minha direção. As pessoas se afastavam para deixá-la passar e achavam graça. Com a língua balançando e as orelhas batendo ao vento, a *retriever* era o sucesso do calçadão, e o praticante de skate que ela puxava também se divertia muito – sorria de orelha a orelha, acenando para a multidão, e exagerou no cumprimento ao passar a toda a velocidade por mim. Devia ter desconfiado. Era Edg.

– Oi! – ele me cumprimentou ao me ver acenar. – Vem!

Enfiei uma batata na boca, apertei o saco numa das mãos e desci da mureta. Por uns instantes corri ao lado de Edg, coloquei a mão livre no ombro dele e pulei no skate, esperando ser levado em alta velocidade.

A cadela era saudável, sem dúvida nenhuma, mas não era nenhuma supercadela. O repentino acréscimo de noventa quilos (de sólidos músculos, é claro) na carga que teria que levar excedeu obviamente o previsto no contrato de trabalho, e ela entrou em greve. No ato.

A *retriever* freou bruscamente, o que fez com que o skate fosse de encontro às suas patas, e Edg e eu fizemos uma dança de jazz improvisada por cima do animal e caímos direto no chão.

– Você está bem? – ele perguntou.

– Bufffffffffffff – consegui articular, já que, por um milagre, a batata ainda estava na minha boca.

– Um pequeno AMD!, não é, cara?

– Mais parecido com um PQP! – respondi, enquanto a cadela tentava lamber as sobras da batata no meu rosto.

– Presumo que nós dois fomos demais para a Sadie – disse Edg, caindo na gargalhada ao mesmo tempo em que puxava a *retriever* de cima de mim.

A julgar pelo entusiasmo com que Sadie abanava a cauda, ela também estaria morrendo de rir se fosse humana. A expressão "feliz como um pinto no lixo" aplica-se a toda a raça *retriever*. Se alguém me perguntasse, eu diria que a frase deveria ser "feliz como um cachorro no lixo". Sugeri que levássemos aquele alegre animal para um passeio na praia.

Edg entregou o skate a um sujeito mais velho com impressionantes tranças *dreadlock* que estava sentado no meio-fio próximo ao posto dos salva-vidas, dizendo: "Obrigado, Smitty." Depois, fez sinal para que eu o acompanhasse até à água. Tecnicamente, não era uma "praia liberada para cães", mas ninguém, nem mesmo o pessoal da patrulha local, que de vez em quando dava as caras por ali, parecia se incomodar. Sadie, ao que tudo indicava, tinha privilégios especiais. Ergueu-se ao nosso lado nas patas traseiras e depois saiu como um raio em direção à arrebentação. Em seguida, voltou até nós sem desconfiar que estava infringindo a lei.

Fomos caminhando em silêncio enquanto eu ia botando em ordem as perguntas sobre Edg que vinha colecionando na minha cabeça como se fossem tijolos, mas elas não chegavam a formar uma pilha uniforme. Estava me preparando para começar o interrogatório quando ele fez sinal para que eu ficasse quieto. Apontou para Sadie e disse:

– Olhe para ela.

Como se soubesse o momento correto, a enorme *retriever* dourada saiu em disparada levantando nuvens de areia com as patas. Deu uma guinada à esquerda e foi diretamente, e em velocidade máxima, para o mar. Saltou as primeiras ondas pequeninas e nadou com toda a força, afastando-se cada vez mais da praia, até que uma imensa "mãe de todas as ondas" chocou-se contra seu corpo.

Sufoquei um grito enquanto Edg ria. A cabeça de Sadie apareceu por cima da arrebentação, e a cadela veio para a areia com a tranqüilidade própria de uma profissional. Era o mais próximo que se poderia esperar de "surfe de cachorro", imaginei. Ela saiu da água e deu uma sacudida no corpo com todo o vigor, espirrando uma névoa de salpicos em todas as direções.

Não permita que ninguém lhe diga que cães não sorriem. Não tenho nenhuma dúvida de que Sadie estava sorrindo como uma criança enquanto trotava de volta para nós.

– Ela não pára nunca, não é? – perguntei.

– Aqui ela não pára. Sadie ama a praia. E quando ela está apaixonada é impossível detê-la.

– Espere... não me diga que... – comecei a falar.

A sobrancelha direita de Edg arqueou-se ligeiramente quando ele olhou para mim.

– Não lhe diga o quê?

– Amor produz energia, certo?

– Presumi que não precisava lhe dizer. Em palavras bem singelas: quanto mais amor uma pessoa tem, mais plena de energia ela é – afirmou Edg, cujas palavras eram enfatizadas pelas arfadas entusiasmadas e incessantes de Sadie. – Sem isso, ninguém passa de um zumbi.

Edg lançou no mar um daqueles pedaços de pau que as ondas devolvem para a terra, e Sadie foi atrás dele como um foguete. Voltou minutos depois, pingando água do mar. Deixou a madeira aos pés de Edg e observou os olhos dele.

– O que acha que acontecerá se eu lançar esse pedaço de pau na água de novo?

Sadie rebolou e dançou ao nosso redor, respondendo à pergunta na linguagem corporal dos cães.

– Suponho que ela vá buscá-lo.

Ele lançou. Ela correu atrás. E novamente voltou e se colocou diante de nós. Grande, molhada e peluda.

– Por quanto tempo você acha que Sadie continuará fazendo isso? – perguntou ao atirar o pedaço de pau mais uma vez. – Sempre – respondeu à própria pergunta. Ele mantinha os olhos distantes, na direção do oceano, enquanto lançava a madeira e falava. De repente, Edg parou e se virou para mim.

– Steve, sabe por que ela fica voltando?

– Por quê?

– Porque ela é um cão.

Fez uma pausa para que eu sentisse a profundidade daquela afirmação. Nada aconteceu.

– E? – perguntei.

– O músico Kinky Friedman disse: "O dinheiro pode comprar um cão, mas só o amor pode fazer com que ele abane o rabo." Um pedaço de pau é motivação bastante para Sadie porque há poucas atividades que ela ame mais do que a brincadeira de ir buscá-lo.

– E? – repeti.

– Sei que isso é algo bastante simplista – ele disse. A questão é: pessoas não são cães. Não seremos felizes se passarmos a vida perseguindo um pedaço de pau. Somos mais complexos do que isso. Mesmo assim, muitos executivos lançam alguma coisa e esperam que outras pessoas corram para buscá-la e que a tragam de volta repetidas vezes como cachorrinhos obedientes.

– Posso dizer, com absoluta certeza, que estou completamente perdido – afirmei.

– No trabalho, se uma pessoa quer que os colaboradores talentosos continuem voltando, o que ela deve fazer, além de lhes pagar o salário, é claro?

– Você quer dizer, como estimular e inspirar as massas? – Ele fez um sinal afirmativo. Respondi à minha própria pergunta: – A maioria das pessoas fará uma série de discursos de calorosos parabéns, escreverá emocionados memorandos de agradecimento, imprimirá camisetas... e coisas do gênero.

– Certo – disse Edg. – Mas você está se esquecendo do mais importante.

– Você quer dizer "a missão"?

– Bingo! – Ele atirou o pedaço de pau. Sadie foi correndo buscá-lo e o trouxe de volta uma vez mais. – Está se tornando sabedoria popular que, para fazer com que as pessoas se empolguem com o presente, é necessário falar sobre o futuro, isto é, fazer uma declaração de missão. O problema é que a maioria dessas declarações é, na melhor das hipóteses, incompleta e, na pior, um papo-furado induzido pelo cinismo.

– Você está coberto de razão.

Ele atirou o pedaço de pau novamente. – É fácil inflar o ego das pessoas. Mas em geral isso é um fenômeno temporário. O escritor Michael Cunningham afirmou: "Se você gritar bem alto por um período longo o bastante, uma multidão se juntará para ver qual o motivo desse barulho todo. É da natureza das multidões agir assim. Mas elas não vão permanecer por muito tempo, exceto se você lhes der um motivo."

– Sábias palavras – comentei.

– Os líderes usam declarações de missão de forma ostensiva para dar motivos às pessoas, certo? – ele lançou o pedaço de pau mais uma vez.

– E você está dizendo que eles não fazem isso? – perguntei, fingindo estar chocado.

– Quase nunca. – Edg esperou Sadie voltar, mandou que se sentasse e depois esfregou com força atrás das orelhas dela.

– Em primeiro lugar, todo livro sobre gerenciamento diz que é preciso haver uma declaração de missão. Por isso, toda empresa que conhece esse assunto tem uma declaração do gênero. Funciona assim: um grupo de altos executivos, agora denominado "equipe executiva", faz uma viagem, se reúne e cria uma espécie de concurso de poesia. Eles buscam apenas chegar a um acordo sobre palavras e expressões de maior impacto e discutem durante horas, às vezes durante dias, sobre suas escolhas: "Deveríamos chamá-los de *consumidores* ou de *clientes*, eles são *acionistas* ou *investidores*, temos *colaboradores* ou *associados*?" Arrancam os cabelos, ameaçam uns aos outros e se digladiam até que, no fim do dia, elaboram um magnífico documento e se sentem muito orgulhosos. E o que fazem depois?

– Ficam bêbados?

– Plastificam a declaração, reduzida ao tamanho de cartões pequenos, próprios para serem colocados na carteira de dinheiro, e entregam uma cópia para todos na organização. Depois penduram uma versão colorida, escrita em caligrafia rebuscada, na área da recepção e esperam que alguma coisa aconteça. Passado um tempo, dão uma volta pela empresa e não conseguem acreditar que nada, absolutamente nada, tenha mudado! "O que há de errado com essas pessoas?", lamentam. "Não sabem ler?" A impressão é de que eles ficam na expectativa de que o cartão plastificado funcione como um adesivo de nicotina: mantenha-o colado à pele, pois assim a energia entrará na circulação de alguma forma. Não acontece desse jeito. As declarações de missão das empresas, em sua maioria, são genéricas e absurdas na opinião dos colaboradores que elas supostamente pretendem inspirar. Para resumir, essas declarações não produzem nenhum tipo de energia. O resultado não seria diferente se tivessem escrito: "Blablablá, *empresa*. Blablablá, *clientes*. Blablablá, *acionistas*. Blablablá, *colaboradores*."

Ele jogou o pedaço de pau de novo, e lá se foi Sadie. Fez uma pausa e depois prosseguiu:

– Isso não passa de um episódio de causa e efeito equivocado. Uma declaração de missão não cria energia. A energia é produzida pelo amor, pelas grandes idéias, pelos princípios e valores. Uma declaração de missão que nasce de um exercício num seminário tem, em geral, tanto poder energético e importância quanto um biscoito salgado.

Edg continuou:

– Mas a missão vinda do coração é, por definição, uma expressão de amor – disse ele. – E ela não apenas transmite mais energia: ela é energia pura. É a essência, meu amigo. – Olhou na direção do mar enquanto Sadie avançava mais uma vez para a arrebentação. – O discurso *Tenho um sonho*, de Martin Luther King, serviu de inspiração para uma geração. Ele não teve que distribuir duzentos e cinqüenta mil cartões plastificados no Lincoln Memorial naquele dia quente de agosto de 1963. Vá, assista à fita: é energia pura. Essência. A própria vida.

Edg chamou pela Sadie, e fomos em direção ao posto salva-vidas. Ele olhava para baixo, para a areia, enquanto caminhávamos.

– Pense nos seus clientes, Steve. Aposto que a maioria deles subestima por completo o poder do próprio coração. Eles não fazem a *mínima idéia* de quanta energia poderiam deixar fluir a partir de si mesmos para atingir os que estão ao seu redor, se conseguissem, pelo menos, abrir mão daquela bobajada burocrática, banal e generalizante e explicar para as pessoas por que eles amam os próprios negócios e comunicar suas verdadeiras esperanças e aspirações em relação ao futuro das suas empresas. Estou certo?

Revi mentalmente a cena no escritório de Janice.

– Presumo que sim – respondi. – Então, qual o remédio para o blablablá das declarações de missão empresarial?

– Queimar essas malditas missões – exclamou Edg.

– Não seria drástico demais? – perguntei. – O que virá a seguir? Bandeiras e sutiãs?

Edg expirou profundamente e continuou:

– *Amor produz Energia* é nossa premissa, certo? – disse enquanto desenhava um coração na areia, com a ponta da sandália.

Lembrei-me de quando minha filha tinha seis anos e estávamos visitando San Diego, vindos do interior, da zona rural do Estado de Iowa. Na praia, um dia, ela acabou rodeada de corações que tinha desenhado na areia molhada. Quase vinte anos depois, eu ainda guardava a foto. De repente percebi, com a sensação de que tinha tomado um choque elétrico, que a foto fora tirada exatamente na mesma praia onde Edg e eu estávamos agora. Dei uma relaxada no corpo e tentei me concentrar no presente. Edg desenhou um segundo coração. Depois um terceiro e um quarto e continuou desenhando até que nos vimos em meio a um círculo de corações.

– O trabalho do Líder Radical – explicou Edg – é ligar todos esses corações, não é mesmo?

– Em condições ideais, sim – respondi.

– Não. Não apenas em condições ideais, mas sempre. Sem a conexão de corações, pode se estabelecer uma relação do tipo empregador–colaborador ou uma relação burocrática supervisor–subordinado. Mas as pessoas que não estão unidas pelo coração não tentarão, juntas, mudar o mundo. E, se a pessoa não estiver tentando mudar o mundo, é porque ela não entrou no reino da Liderança Radical. É isso o que traz à tona a questão de como estabelecer a conexão.

– Então, como se estabelece a conexão? – perguntei.

– Revelando-se como ser humano para aqueles que a pessoa deseja liderar. Por isso, em vez de recitar uma declaração de missão, ela deve sentir a intenção da declaração, refletir sobre os ideais que ela representa e levar tudo para o coração. Depois, em cada oportunidade, seja numa conversa pessoal, seja diante de uma multidão, isto é o que precisa ser dito em essência: "Este sou eu, é nisso que acredito, é isso que acho que podemos fazer juntos se agirmos com o coração. Vejam como nosso futuro pode ser magnífico! Por favor, juntem-se a mim e vamos nos ajudar a fazer isso acontecer." Depois a pessoa pode queimar o documento, porque, na verdade, ela se tornou a missão.

– Isso é raro – ponderei. – Acho que nunca vi ninguém agir assim no trabalho.

– Eu vi. E a conexão é eletrizante.

– Energia – completei.

– Produzida diretamente no coração.

■ DEZESSEIS

Smitty continuava no mesmo lugar, observando o movimento do calçadão através das enormes lentes amareladas dos seus óculos. Sadie correu na sua direção e empurrou o focinho por baixo da mão dele.

– Sadie, Sadie, garota bonita! Como está minha menininha? – alegrou-se Smitty, abaixando-se e virando a cabeça para permitir que a cadela lhe lambesse a orelha, o que ela fez com muito entusiasmo. – Gostou da voltinha que deu com o tio Edg? – Sadie respondeu: "Sim, foi ótimo", mas não com essas palavras.

– Steve, Smitty. Smitty, Steve – Edg fez as apresentações ao pegar de volta seu skate, que tinha ficado com o amigo de tranças. – Por que vocês dois não batem um papo? Volto num minuto.

Antes que eu pudesse recusar, Edg já tinha ido embora.

– Sente-se aí, amigo – Smitty bateu levemente no meio-fio. As tranças caíram em volta de um rosto que exibia a barba mais impressionante que eu já tinha visto assim tão de perto. Enorme, ruiva e completamente irregular. Na realidade, o cabelo dele também era tão farto e escandaloso que me levou a pensar se seria verdadeiro. – Pode ser que ele demore um tempinho, talvez até nem volte. Nunca se pode ter certeza de nada com o Sr. E. – Smitty falava com um resquício de sotaque texano.

– A Sadie é sua? – perguntei, abaixando-me para me sentar no meio-fio.

– Na verdade, não sei bem quem é de quem – ele respondeu.

– Ela é uma beleza – eu disse.

– E ela sabe disso, não tenho dúvida. E por isso recebe tanta atenção também. – Sadie revirou o corpo enquanto Smitty falava. – Mas ela não se incomoda e fica até contente por compartilhar parte dessa atenção comigo. Não é, menina?

Naquele exato momento, um grupo de moças parou bem na nossa frente no calçadão para brincar com a cadela. Smitty distribuiu alguns cumprimentos, e as garotas foram educadas o bastante para, vagamente, reconhecer a existência dele. Sentado e sorrindo através da barba, ele mais parecia o sol brilhando atrás de uma cerca viva.

– Ah, agora sim – suspirou, olhando para as moças que se distanciavam. – A vida está cheia de pequenos pontos de exclamação maravilhosos, não é mesmo?

Presumi que a pergunta fosse retórica.

– Não é mesmo? – ele repetiu, aniquilando minha teoria de pergunta retórica.

– Claro. Certamente. Acho que nunca pensei na vida desse modo.

– É... É verdade. Pontos de exclamação, pontos de interrogação, asteriscos... em todos os lugares para onde se olha. – E esquadrinhou o calçadão através das lentes amarelas.

"Estranho, muito estranho", pensei, ignorando o papo-furado do Smitty. Nenhum sinal do Edg. Ele havia me largado ali sem explicação, sem pedido e sem instrução.

– E, então, Smitty, de onde você conhece o Edg? – perguntei.

– Edg, Edg, Edg. De onde conheço o Edg? – disse sorrindo. – Bem, eu trabalhei com ele. Foi assim que o conheci.

Meu coração deu um pequeno salto. Estava prestes a ouvir um detalhe concreto, um fato genuíno sobre o passado do Edg.

– Fazendo o quê? – perguntei, provavelmente aparentando muita ansiedade.

– Ah... uma coisa e outra, acho. Quando havia algo que precisava ser feito, eu fazia.

– Sei, mas que tipo de coisa? – eu estava perdendo a paciência bem depressa.

Depois de uma pausa de uma fração de segundo, ele respondeu:

– Ah, que droga. Realmente não importa. Éramos apenas um grupo de técnicos. A história é a seguinte: ele me transformou num homem muito rico.

Essa era demais. Procurei não parecer surpreso, o que era tão fácil quanto tentar não obedecer às leis da gravidade.

– E foi isso o que me permitiu começar um novo tipo de trabalho – Smitty continuou, como se tivesse dito algo absolutamente banal.

– E qual é seu tipo de trabalho? – perguntei.

– Estou no negócio de sinais.

– Você faz sinais? – perguntei.

– Não.

– Então, o que você faz?

– Eu os leio.

– Vou lhe mostrar o que quero dizer – prosseguiu Smitty, provavelmente em resposta ao modo como meu rosto deve ter se franzido, transformando-se num dos pontos de interrogação que ele costumava ver pelo mundo.

Levantou-se e começou a caminhar com Sadie ao longo do calçadão:

– E o que você acha deste aqui? – Passou o braço ao redor de outro poste em que havia o seguinte aviso: "Veículos abandonados serão rebocados à custa do dono." – É uma verdade tão certa quanto o ar que respiramos, não é?

– Isso quer dizer o quê? – perguntei.

– Muitas pessoas aqui (ele abriu os braços para indicar a multidão na praia) são veículos abandonados. Quatro rodas, chassis e nenhum motorista. Ninguém para levantar a capota em caso de temporal. Sem compreenderem, em outras palavras, *quem* elas são. Só estão por aí, esperando que alguém apareça e as coloque nos eixos antes que sejam rebocadas para os depósitos.

– Isso é uma visão bastante macabra da humanidade – eu disse a Smitty, o Leitor de Sinais.

– Ah, não! Não é macabra nem alegre. É a realidade: veículos abandonados serão rebocados. Por isso... *cuide do que é seu.* É um bom conselho. Não é, Sadie?

– Cate o cocô do seu cão – acrescentei.

– Agora você sacou! Grande conselho! Está por todo lado. Estamos rodeados de lições. Precisamos apenas observar os sinais e fazer as perguntas certas. Formulando as perguntas corretas, aprendemos muito sobre o que está acontecendo à nossa volta. E, quando percebemos que há profundas lições em coisas aparentemente insignificantes, o mundo inteiro se escancara para a vida e tudo se torna parte de um laboratório de aprendizagem multidimensional, hiperacelerado e interativo vinte e quatro horas por dia, sete dias por semana, trezentos e sessenta e cinco dias por ano.

Senti um leve calafrio. – Está dizendo que há mensagens por todo lado? – perguntei.

– Não é bem assim. Verdade seja dita, todas as mensagens estão num único lugar... aqui mesmo – e bateu na própria cabeça. – É tudo uma questão de interpretação. Para a maioria das pessoas, "Dê a preferência" é só um sinal de trânsito. Para mim, trata-se de uma lição sobre como ir com o fluxo, percebe? O mesmo sinal, mas com outro significado. O sinal é apenas um estimulante. A diferença está no que vejo no sinal, na forma como eu o leio. Ela está aqui no meu minúsculo cérebro. O sinal só me faz ficar atento.

– Então, leia os sinais e interprete seu significado – refleti.

– Isso. Leia o sinal, pergunte a si mesmo qual é a lição e conseguirá um pouco de sabedoria a cada curva. Vou lhe mostrar um dos meus favoritos.

Sadie e eu fomos atrás de Smitty pelo calçadão. Ele ia a uma velocidade surpreendente, passando de um lado para outro entre a multidão. Tive que dar umas corridinhas para não perdê-lo de vista, porém Sadie se mantinha numa boa.

Oitocentos metros adiante havia um centro comercial à beira-mar, com várias lojas, alguns restaurantes, escritórios e banheiros públicos. Segui Smitty por uma porta com a indicação "Homens" enquanto Sadie, aparentemente uma esperta leitora de sinais, esperava do lado de fora. Smitty abriu um dos reservados no momento em que eu estava me dirigindo para o mictório instalado na parede.

– Espere – ele disse. – Quero lhe mostrar algo.

– O quê?!

– Não, não é nada disso! – E deu uma gargalhada ao reparar na minha voz desconfiada. – O que quero lhe mostrar é o sinal de gerenciamento perfeito, requintado, clássico.

– Neste sanitário?

– Neste e em muitos outros.

Fui caminhando lentamente, empurrando os óculos escuros para a testa, para que meus olhos pudessem se ajustar à fraca luz do banheiro público. Enfiei a cabeça no reservado.

– Lá está – disse Smitty.

Esquadrinhei as paredes em busca de qualquer coisa que tivesse significado em termos administrativos. Encontrei números de telefone e frases engraçadas, mas nada chamou minha atenção.

– Você está olhando na direção errada. Não é para as pichações – ele me avisou.

E então eu vi. E não foi a primeira vez. Apenas era a primeira vez que eu prestava atenção naquilo. Aparafusado na parede, acima do vaso sanitário, estava um daqueles porta-papéis com protetores de assento sanitário, com uma plaqueta em que se lia:

Cortesia da gerência – para sua proteção.

– Este, meu amigo, é o mais perigoso mito de gerenciamento de todos os tempos – disse Smitty.

– É mesmo? – respondi, e mais uma vez fiz essa pergunta num tom afirmativo.

– Absolutamente. Primeira incorreção: é uma mentira. Ninguém nunca, *jamais*, verá um dos membros da gerência carregando uma caixa de ferramentas e aparafusando porta-papéis com protetores de assento sanitário na parede do banheiro. É um colaborador da área de serviços gerais que cuida disso, e não a gerência. Na realidade, são as pessoas que fazem a manutenção dessas instalações que dão proteção aos *gerentes*, e não o contrário.

– Então você está dizendo que a frase na plaqueta não é literalmente verdadeira.

– É claro que estou dizendo isso.

– O sinal tem uma atitude?

– É, cara. É um sinal arrogante. É vaidoso demais, é complacente demais consigo mesmo e se dá uma auto-importância desmedida e da forma mais lamentável possível. Gerência: Protetor Benevolente. Gerência: Doador de Bênçãos. Gerência: Grande Mamãe e Papai.

Segui-o para fora do reservado e, dali, para fora do banheiro dos homens, a caminho de um lugar ao sol.

Smitty assoviou para Sadie.

– Você está dizendo que não é obrigação da gerência proteger os colaboradores. Seu amigo Edg, porém, acredita que o amor é a base de um bom negócio. Então vocês discordam?

– Edg e eu estamos totalmente de acordo, para falar a verdade. Há tipos diferentes de amor, amigão. Uma empresa deveria ter responsabilidade social, princípios éticos e todas aquelas coisas positivas. São formas de amor, não são? E ela deveria amar seus colaboradores por eles dedicarem talento, tempo e energia ao seu negócio. E também deveria demonstrar isso. Mas uma empresa também tem que ser responsável consigo mesma: precisa manter-se saudável. Em alguns casos, isso implica tomar decisões e fazer coisas que aborrecem determinadas pessoas. E a conseqüência óbvia não é que todos nós, como indivíduos, temos que assumir a responsabilidade por nós mesmos? Não podemos abdicar da nossa responsabilidade pessoal em favor de uma suposta "autoridade superior". Dê uma olhada no que está acontecendo ao seu redor. Você consegue identificar uma empresa dentro dos *padrões de legitimidade* que o manterá como colaborador pelo resto da sua vida? Negativo. Já viu alguém com um talento imenso ser demitido? Positivo. Acontece todos os dias, sejam quais forem as condições da economia. Às vezes, o amor pela solidez da organização e o amor pelos colaboradores colidem. Às vezes o amor machuca e às vezes não tem nada a ver com o amor pela pessoa. Nada mesmo.

– Bem, o mundo está mudando, o mercado está se transformando e algumas dessas coisas são simplesmente inevitáveis – argumentei. – Estão além do controle das pessoas.

– É exatamente o que estou dizendo, amigo – concordou Smitty. – Ninguém, nem nossos amigos, nem nosso padre, nem nosso pastor, nem nosso rabino, nem nosso mulá, nem nossa mãe, nem mesmo nosso gerente pode nos proteger deste mundo imenso e selvagem. E você sabe por quê?

– Acho que sim.

– Porque isso está fora do alcance deles. O que eles podem fazer e o que deveriam fazer (e o que é melhor que façam se tiverem um pingo de inteligência) é criar um ambiente onde as pessoas sejam capazes de ter sucesso como adultos e de crescer como líderes.

– Onde elas possam almejar mudar o mundo – completei.

– Isso mesmo! E, se algum dia a pessoa deixar a empresa, ela será mais capaz e experiente do que era quando começou a trabalhar ali. Não se trata de proteger ninguém do mundo, e sim de lhe dar a chance e os meios para mudá-lo. Então, do modo como analiso a situação, duas coisas têm que acontecer. Primeiro, os gerentes devem parar de fingir que querem ser a mãe das pessoas. Eles poderiam começar tirando aquela plaqueta do banheiro. Depois, nós colocaríamos em seu lugar um texto parecido com o seguinte:

Estes protetores de assento sanitário são colocados à sua disposição por um colaborador do serviço de limpeza que trabalha o dia inteiro numa função bastante ingrata. A gerência não faz a menor idéia de como este material chega ao banheiro, mas temos certeza de que aprovaria, porque, no fim das contas, todos nós acabamos nos sentando aqui. Com estas co-

berturas de papel, você tem a oportunidade de se proteger. Recomendamos que as use.

– Pois é – Smitty continuou –, os gerentes têm que parar de fingir que são o Grande Protetor, enquanto o restante de nós deve parar de pedir e esperar que "eles" sejam o Grande Protetor. Devemos nos manter como responsáveis por nós mesmos e deixar de culpá-los quando as coisas dão errado.

Sabia que Smitty estava com a razão, afinal em todos os seminários que eu tinha organizado, em todas as empresas e em todos os níveis, o assunto "eles" sempre aparecia, mas lhe pedi um exemplo, de qualquer maneira.

– Exemplo? – ele disse. – Bem, esta é uma idéia universal e tão certa quanto a de que o sol nasce todos os dias: as pessoas sempre acabam dizendo que "eles" são os culpados por suas aflições. Os gerentes responsabilizam os colaboradores por seus fracassos, enquanto os colaboradores reclamam "deles", os gerentes. Os presidentes queixam-se "deles", referindo-se aos conselheiros ou aos analistas de mercado, e todos nós esbravejamos contra "eles", os acionistas. A conversa vai girando como uma roda-gigante e, logo, logo, já não sabemos mais sobre quem estamos falando. Vamos ver, Steve. Digamos que você represente a gerência.

– Certo – concordei.

– Vamos supor que você tenha acabado de distribuir outra pesquisa de opinião aos colaboradores. Você pede respostas sinceras sobre a visão que "eles" têm da empresa, mas 70% "deles" não respondem. Então você reclama que "eles" não se interessam e, por isso, ignora as avaliações dos 30% restantes. Está acompanhando meu raciocínio?

– Já vi isso mil vezes.

– Assim, "eles" (os colaboradores) começam a falar sobre você (a quem também chamam de "eles", uma vez que você representa a gerência) e a dizer: "'Eles' realmente não se preocupam com o que 'nós' temos a dizer sobre 'eles'." Ainda está me acompanhando?

– Sim – respondi.

– E para onde isso nos leva afinal? Qual é a grande conclusão? "Eles nunca vão mudar": é o que todos dizem sobre todos.

– O beco sem saída organizacional clássico – completei.

– E tudo não passa de uma ilusão.

– O que isso significa?

– Que não há nenhum "eles".

– Não há?

– Não! Só há o "nós". – Smitty assoviou novamente para Sadie. – Acho que ela foi para casa.

– Presumo que ela não conta com você para "protegê-la" – eu disse.

– Até mesmo um cão compreende isso – respondeu Smitty.

Estava ficando tarde. Depois que Smitty recusou meu convite para comer um filé, nós nos despedimos. Ele foi para o sul, para o posto salva-vidas, onde nos conhecemos, e eu para o norte, afastando-me dessa figura tão especial.

Com o estômago roncando levemente e um pequeno sorriso no rosto, subi o Mission Boulevard até o restaurante. Tinha muito o que refletir sobre a conversa curta e estranha com Smitty: "eles" versus "nós", proteção versus auto-suficiência, culpa versus responsabilidade. Admito que já fiquei algumas vezes na expectativa de que aparecesse alguém para cuidar de mim. Uma pessoa que se interessasse profundamente pelo meu bem-estar. Que me conduzisse pela minha própria vida. Parecia mais fácil do que a alternativa de ser eu mesmo um líder.

DEZESSETE

Todos os sinais apontavam no sentido de que eu merecia um bife bem grande. Não demorou muito e eu já estava sentado a uma pequena mesa na Saska's Steakhouse, restaurante que é um marco de Mission Beach. Passei os olhos pelo pequeno e escuro salão de jantar enquanto mastigava um pedaço tenro de um suculento bife. As luzes de Natal, que faziam parte da decoração do Saska's o ano todo, piscavam ao longo das vigas. Meu olhar partiu de uma seqüência de luzes que começava num espelho com moldura de metal, seguiu pela parede brilhante até um quadro com uma pintura incompreensível sobre veludo, saltou umas duas mesas e acabou pousando, finalmente, na pequena chama flamejante da vela que estava no candelabro vermelho no centro da minha mesa. De repente, lembrei-me do que precisava fazer. Pedi ao garçom do bar que me emprestasse a lista telefônica, explicando que ela seria minha leitura durante o jantar.

Os melhores detetives sempre partem do óbvio, e foi exatamente por isso que decidi consultar o catálogo. Por que não checar se o nome do misterioso Sr. Garrison estava ali?

Estava. Escondido muito espertamente sob a letra "g".

Peguei o celular e disquei o número. Tocou duas vezes. Desliguei quando me lembrei que não tinha pensado no que diria quando ele ou, pior ainda, a voz dele na secretária eletrônica atendesse. Seria melhor pensar primeiro.

Consegui me concentrar e encontrei uma forma relativamente coerente de me expressar. Disquei o número de novo. Uma voz feminina atendeu: "Você ligou para Teddy Garrison. Talvez você pense que isto seja uma secretária eletrônica. Não é. É uma máquina de fazer perguntas. E vou lhe fazer duas perguntas. *Quem é você? O que você quer?* Caso considere essas perguntas banais, leve em consideração que a maioria das pessoas vive toda a sua vida sem nem mesmo responder a uma delas." Bip, bip, bip.

Fiquei impressionado com a gravação. Tinha ouvido falar dessa mensagem pelo meu amigo Terry Pearce, que escreveu sobre ela em *Leading Out Loud* (Liderando em alto e bom som).

Talvez Garrison também tivesse lido o livro de Terry ou simplesmente inventado a mesma mensagem. Para mim, as duas alternativas revelavam uma coincidência estranha e irritante. De qualquer modo, a gravação fez com que meus neurônios errassem o alvo e, assim, as palavras simplesmente escapuliram da minha boca da forma mais distraída possível.

– Hum... hã... Isso é algo muito inteligente – gaguejei. – Quem sou eu? Bem, sou amigo da Janice. Sou... sou mais do que isso, na verdade. Mas, diante das circunstâncias, é o que importa.

"Idiota", pensei comigo mesmo, e continuei:

– O que eu quero? Que você me ligue de volta. Só isso. Só isso *por enquanto*, é o que estou dizendo. Há muito mais coisas que desejo da *vida*, se é o que está querendo saber. Mas agora só quero mesmo ter uma conversa rápida sobre a Janice e o futuro dela na XinoniX.

Deixei meu número e me despedi.

– Odeio secretárias eletrônicas – disse, depois de desligar, para ninguém em particular.

Saí do restaurante e inspirei fundo o ar marinho. A área de Mission Beach em San Diego é uma península estreita, de mais ou menos cinco ou seis quarteirões de largura, entre o oceano Pacífico e a Mission Bay. Enquanto o lado do oceano, com o calçadão e aquele monte de gente, é meio louco e caótico, o lado da baía é tranqüilo, um lugar ideal para caminhar quando se está mais quieto e reflexivo – exatamente como eu me encontrava naquele momento. Atravessei o Mission Boulevard, cortei caminho pelo saguão do Hotel Catamaran e fui em direção à Mission Bay, para o sul, até chegar ao meu apartamento.

Já estava escuro, e os sons de risadas e música ao longe chegaram até mim depois de atravessarem a água, me fazendo lembrar de que aquela seria mais uma noite de sexta-feira que eu passaria sozinho. Acho que foi Nelson Mandela quem disse, quando apareceu piscando os olhos por causa do brilho da luz da liberdade, depois de passar um tempo horrível em solitário confinamento: "A solidão é um horror."

Nos quarenta e cinco minutos que levei caminhando até chegar em casa, fui me deixando cair num profundo estado de melancolia. Cantarolando baixinho uma música country bem triste, abri a porta e entrei. Será que algo se moveu? Há alguém aqui? "Era tudo o que eu queria", brinquei comigo mesmo.

Mas alguma coisa esbarrou na minha perna. Dei um pulo e gritei de susto num tom muito mais alto do que gostaria de admitir. Em momentos como esse, a imaginação toma um impulso enorme e conjectura as mais horríveis e grotescas possibilidades. A realidade, dessa vez, era apenas um gatinho marrom que se esfregava na minha canela.

Aparentemente, ele tinha subido pela escada dos fundos, pulado a grade e se aventurado dentro de casa por uma janela aberta. Agora estava miando para mim como se eu tivesse a obrigação de lhe dar uma tigela de leite por seus notáveis esforços.

"Oi, gatinho!", consegui dizer apesar das fortes palpitações, "você está numa zona proibida para animais. Quer que eu seja despejado?" Não esperei que respondesse e, felizmente, ele não o fez. Mas, quando se virou e foi em direção à janela, notei que parecia carregar um pedaço de papel dobrado e colado com fita adesiva na pequena coleira marrom. Instintivamente, ajoelhei-me para olhar com mais cuidado e lá – para minha surpresa – estava escrito meu nome em azul. "Será uma carta de amor de alguma admiradora?", eu pensei, ao retirar o papel do pescoço do bichano.

Liberado das suas obrigações, o pequeno mensageiro saltou do parapeito da janela e desapareceu na noite. Sentei-me à mesa de jantar, coloquei o papel em cima da mesa e alisei os amassados. Duas páginas numa caligrafia precisa e elegante:

"Caro Steve, peço desculpas pelo método de entrega pouco ortodoxo, mas nunca segui convenções. No início desta noi-

te, você deixou uma mensagem para mim. Agora tenho uma para você."

DEZOITO

Não fazia o menor sentido. Vou esquecer o fato, aparente, de que Garrison sabia quem eu era. Mas como ele teria conseguido descobrir onde eu morava? E que tal essa habilidade sobrenatural com animais – felinos, no caso. Será que ele estava administrando algum serviço de mensageiros com mamíferos?

Corri para a janela em que o gato havia se empoleirado e da qual saltara para a rua escura. Vazia. Talvez minha esperança fosse ver, em meio à escuridão, a silhueta misteriosa de Teddy Garrison, espreitando das sombras da ruela. Mas não seria tão fácil.

Respirei fundo – uma alternativa decente para deixar escapar um ansioso lamento – e voltei para a mesa. Sentei-me e li o recado pelo menos uma dúzia de vezes:

"Reconheço que sua preocupação com Janice é sincera. Sei disso porque ela me falou algumas vezes sobre você, e sempre tive a impressão de que era um bom conselheiro e amigo – essas são duas qualidades que caminham de mãos dadas. Por isso, tenho esperanças de que me compreenda quando afirmo que não deixei a XinoniX por minha causa, mas pela Janice.

Meu mentor me disse uma vez que precisamos amar as pessoas ou perderemos o jogo. Ao contrário da noção popular e romântica que temos do amor, ele não se resume a corações e flores. Muitas vezes esse é um sentimento complicado, capaz de machucar. Especialmente nos negócios.

Não amo a Janice apenas pelo que ela é hoje. Eu amo o que ela é capaz de se tornar. O problema é que a Janice nunca se tornará o que ela pode ser se eu estiver por perto lhe dando apoio. Ela é o futuro da empresa, mas ainda não sabe disso. Quando constatei que tinha mais confiança na Janice do que ela jamais teve em si mesma, considerei a demissão minha última chance de exercer o papel de líder.

Freqüentemente, a liderança requer um engajamento pessoal extremo, porém às vezes exige um ato de retirada espontânea. Foi o que aconteceu no meu caso. Se isso faz com que eu pareça, pelo menos por enquanto, um covarde e também um idiota egoísta, então que seja.

Sei que ela acha que a joguei na cova do Jeffers para ser devorada viva. Bob tem a reputação de ser um ditador brutal e se mostra a antítese da cultura da XinoniX, que Janice tanto se esforçou para ajudar a criar. Mas as aparências enganam.

Jeffers é um estrategista brilhante e um executivo de primeira linha. Em outras palavras, ele não só planeja bem como executa seu planejamento, seja lá qual for, com precisão, rapidez e foco – todas as qualidades necessárias e cruciais para a próxima fase da empresa. Como líder, porém, ele é terrível. É nesse ponto que entra a Janice.

Ela e Jeffers são perfeitos um para o outro e para a empresa. Mas isso está mais para casamento arranjado do que para amor à primeira vista, e eu atuo como o casamenteiro. Jamais conseguiria convencê-los do valor que têm um para o outro – isso é algo que eles terão que descobrir por conta própria. Acredito que conseguirão. Neste exato momento, Janice vê tudo isso como uma guerra.

Mas ela não precisa dominar o Bob, e sim conquistá-lo. Ajude-a a ver a diferença, Steve, e você estará lhe prestando um favor para toda a vida.

Quanto a mim, espero ter deixado bastante do que sou no DNA da empresa para que ela continue a evoluir do modo como espero e idealizo.

Quanto à Janice, este é seu momento de brilhar como uma Líder Radical.

Quanto ao Jeffers, este é seu momento de aprender com as próprias fraquezas.

E quanto a você, Sr. Farber, está na hora da decisão. Você precisa escolher. Vai ficar brincando por aí ou pretende colocar sua própria pele em jogo? Soa um tanto enigmático, eu sei. Apenas considere isso mais uma peça do seu próprio quebra-cabeça sobre liderança. Cabe a você descobrir onde encaixá-la."

Estava assinado simplesmente "*Teddy*".

Sábado

DEZENOVE

Naquela noite sonhei que estava tomando um expresso com biscoitos de nata com Teddy Garrison. A posição em que ele estava sentado não me permitia ver seu rosto claramente, mas o perfil era conhecido, assim como o som da sua voz.

– Como você me encontrou? – perguntei.

– É a pergunta errada – ele resmungou com a boca cheia de biscoito, cuspindo alguns pedaços para dar mais efeito.

– E qual é a pergunta certa?

– Essa – disse o Ted do Sonho.

Acordei no sábado pela manhã com o som de um trovão. Depois percebi que não era um trovão. Não exatamente, e sim alguém batendo na porta. Tentei ignorar ao máximo o intruso, que fazia de tudo para ter certeza de que não seria ignorado. Sacudi as teias de aranha do meu cérebro repleto de sonhos e procurei com dificuldade pelo meu short que estava estrategicamente posicionado no chão em cima de uma pilha de roupas, próximo à cama.

Tropeçando pelo apartamento, passei pela mesa e vi que a carta continuava no mesmo lugar, ondulando ligeiramente por causa da brisa que entrava pela janela aberta. Abri a porta de supetão, esperando ver Bruce, o proprietário que morava no andar de cima, ou talvez um gato com um telegrama. Nenhum dos dois.

– Bom dia! Lindo dia! – disse Edg.

– Você não é um gato.

– Na sua opinião – respondeu.

– Não me leve a mal. Mas que droga você está fazendo aqui a esta hora, Edg?

Ele levantou um saco branco na mão esquerda e disse enquanto passava por mim:

– Comida.

Segui-o no meu próprio apartamento. Edg colocou o saco sobre a mesa, ao lado da carta de Garrison, e começou a escarafunchar a cozinha.

– Onde você guarda o elixir da vida matutino?

Botei um pouco de café no filtro de papel. Edg encheu o jarro da cafeteira com água mineral de um garrafão sobre a bancada da pia. O apartamento encheu-se do delicioso aroma do café. Finalmente, minha cabeça começava a se recuperar dos efeitos confusos do sonho, do sono e daquele despertar repentino.

Agora estávamos sentados à mesa, frente a frente.

– Esta é a pergunta do dia, Edg.

– Manda!

– Nunca lhe dei meu endereço. Como você me achou?

– Por que é a pergunta do dia?

– É uma longa história. Por favor, responda.

Edg abriu o saco branco e tirou um croissant de chocolate.

– Vou lhe revelar um pequeno segredo.

Dividiu o pão pela metade e me deu o pedaço maior. Agradeci e me inclinei para a frente na tentativa de ouvir melhor. Ele fez uma pausa, como se estivesse avaliando se me deixaria ou não tomar conhecimento das suas técnicas especiais.

– É o seguinte: seu nome está na *lista telefônica, cara!* – disse, os olhos fixos nos meus.

Soltou uma gargalhada, com certeza por causa da expressão de decepção no meu rosto. O mistério tinha se evaporado instantaneamente.

Edg abriu o saco de novo e colocou um punhado de biscoitos sobre a mesa. Por causa do sonho que eu acabara de ter, pensei que aquele fosse um momento típico dos mundos além da imaginação:

– Não é de nata, é?

– É de aveia. Aqui está, pegue metade.

– Não, obrigado. Não estou com disposição para comer biscoitos.

– Vamos, pegue. Eu nunca como sozinho.

Por fim acabei aceitando, mas de má vontade.

Uma rajada de vento entrou pela janela, a carta de Garrison voou e pousou próximo aos meus pés. Apanhei aquele pedaço de papel, o dobrei e o coloquei discretamente debaixo da minha xícara de café. Estava tentando disfarçar, mas deixei que meu olhar se demorasse muito no papel.

– Escrevendo cartas de amor? – Edg sorriu. – Ou está recebendo?

– Nenhuma das duas coisas – respondi secamente, na expectativa de que ele suspendesse o interrogatório. Não estava a fim de dar explicações sobre aquela carta estranha e sobre as circunstâncias ainda mais incomuns que ela envolvia. Eu não seria capaz. Fazia pouquíssimo sentido, pelo menos aquele sentido normal e racional com que as coisas costumam acontecer. De qualquer forma, o resto também não fazia sentido: nem Edg, nem as circunstâncias ao redor dele e de mim, nem Pops, nem mais recentemente Smitty. *Então por que não contar?*

Narrei para Edg a história inteira, desde o início, com o telefonema de Janice. Falei sobre minha visita ao escritório dela, o problema que Janice tinha com Jeffers e a "revelação" subseqüente sobre o propósito do trabalho dela. Disse que ela havia me pedido que encontrasse o tal Garrison, e, em vez disso, ele me achara. Contei-lhe sobre o gato, a carta (balancei a prova no ar para acrescentar um pouco de drama à narrativa) e até mesmo sobre o sonho. Ele parou de mastigar e olhou para a metade de biscoitos no prato à sua frente.

– Hum – murmurou. Bateu os dedos sobre a mesa. – Você vai me deixar ler a carta?

Entreguei-lhe o papel e ele ficou um tempão matutando sobre aquelas palavras. Leu duas ou três vezes silenciosamente. Parou. Contemplou o teto. Olhou para mim e leu mais uma vez.

– E aí? – cobrei.

Depois de dobrar a carta e me devolvê-la, ele empurrou mais um biscoito para dentro da boca.

– Estranho – falou de boca cheia. – Vamos.

Levantou-se num salto e dirigiu-se para a porta. E eu fui atrás, é claro.

VINTE

A viagem para o interior nos levou a Point Loma, nas cercanias de San Diego – bairro de famílias tradicionalmente ricas, sólidos casarões de tijolos e ruas cercadas de árvores frondosas. Seguindo as orientações de Edg, estacionei o Mustang diante de uma casa espetacular no estilo Tudor. Ramos de hera de um verde intenso formavam uma arcada por cima da porta com vitrais.

– Adivinha onde estamos? – perguntou.

– Nem desconfio.

– Isto aqui, meu bom amigo – falou numa imitação brincalhona do sotaque britânico –, é a residência do ilustre Theodore “Teddy” Garrison, o Homem Misterioso.

– Teddy Garrison? Você conhece Teddy Garrison?

– Ele e meu Pops são muito amigos.

– O mentor a quem Garrison se referiu na carta?

– Pops.

Permaneci sentado, as mãos no volante, o queixo caído.

– Espere um minuto – eu disse, sentindo uma súbita sensação de irritação. – Por que você não me contou isso antes?

Edg pulou por cima da porta do conversível.

– Você quer falar com ele ou não?

– Claro que quero falar com ele. Mas você...

– Ou vai ou racha: é agora ou nunca. Se dormir no ponto, vai perder – disse por cima do ombro enquanto seguia pelo caminho pavimentado com pedras arredondadas.

Eu não tinha como argumentar. Assim, me juntei a ele diante da porta da frente. Toquei a campainha. Um cão latiu. Eu bati. Outro latido. Aguardamos. Fiquei impaciente. Toquei de novo. O cachorro respondeu de novo.

– Ninguém em casa – concluí, tentando esconder meu alívio.

– Ou alguém que não está atendendo – disse Edg, olhando pelo vidro colorido. – Vamos por trás.

Para meu horror, Edg se foi pelo jardim e desapareceu na lateral da casa. Olhei ao redor procurando pelo pessoal da segurança.

– Ei! – sussurrei no encalço dele. – Aonde você está indo?

Rapidamente analisei minhas opções: poderia ficar parado e aborrecido como um idiota, poderia correr para o carro e cair fora daquele lugar ou poderia engolir minha própria paranóia e acompanhar Edg naquela invasão de domicílio.

– Droga! – reclamei, enquanto ia depressa pelo jardim e sentia a pele da nuca se arrepiar. Afastei os galhos grossos de um perfumado jasmineiro e dei de cara com uma paisagem exuberante e extremamente bem cuidada. Uma cerca de ferro batido trabalhado marcava o limite de um gramado de um verde perfeito. No centro do jardim, um gazebo de madeira de lei e, no centro do gazebo, Edg. Ele fez sinal para que eu me aproximasse. Subi os degraus e me juntei a ele. Edg lançou um olhar para a casa com um sorriso breve e quase melancólico.

– Lugar agradável, não é? – comentou.

– É... maravilhoso. Agora vamos embora.

– Não. Calma. Não faz mal se nós ficarmos um pouco por aqui. Ninguém vai se incomodar. – E, apoiando-se contra o gradil do gazebo, continuou: – Agora vamos conversar sobre aquela carta.

Até aquele instante eu não estava totalmente certo de que acreditava em coincidências, mas, na falta de uma explicação plausível, tinha inadvertidamente colocado a carta no bolso de trás da calça quando deixamos o apartamento. Sem mostrar nenhuma surpresa, Edg pegou o papel e, mais uma vez, o examinou com todo o cuidado, como havia feito na cozinha.

– O que você acha disso? – perguntou.

– Bem, ele parece estar explicando ou justificando a decisão de deixar a XinoniX – ponderei. – E essa atitude é verdadeiramente intrigante, afinal ele não precisava me explicar nada. Ele nem me conhece.

– Ontem você ficou um tempão com o meu amigo Smitty.

– Fiquei... e daí?

– Aprendeu alguma coisa?

– Hum... leia os sinais?

– Leia os sinais – disse ele, levantando a carta. – Para você, o que significa este sinal?

– O que quer dizer?

– Quero dizer: e se essa carta não tiver nada a ver com Janice, com Jeffers, com a XinoniX nem com Garrison? Se tiver sido escrita exclusivamente em seu benefício?

– Em meu benefício? Que maluquice! Não faz sentido nenhum.

– Não há nada de maluquice nisso. A não ser o fato de ela ter sido entregue por um *gato* – ironizou. – E, além disso, quando foi que "fazer sentido" se tornou um parâmetro importante nesta pequena e estranha história?

– Ponto para você!

– Agora – avisou – leia o sinal.

Li a carta mais uma vez, o meu lado fantasioso esperando que o papel irradiasse um brilho misterioso e sobrenatural. Mas vi as mesmas palavras, o mesmo papel e a mesma caligrafia precisa e absolutamente normal dos humanos.

– Não estou percebendo nada – confessei, esfregando o dedo polegar entre os olhos, como se buscasse uma revelação. – A linha direta com os poderes paranormais deve estar desligada.

– Hum – resmungou Edg, sem achar graça na minha brincadeira. – Vamos tentar outro método. Guarde-a.

Dobrei a carta e coloquei-a no meu bolso traseiro.

– Garrison escreveu porque você o procurou, não foi?

Inclinei a cabeça num gesto afirmativo.

– E você foi atrás de Garrison porque Janice lhe pediu que o encontrasse?

Repeti o gesto.

– E por que ela pediu ajuda a você?

– Porque me considera um bom conselheiro, eu acho.

– Mais do que você? – indagou Edg.

– O que disse?

– Parece que ela acredita mais nas suas capacidades do que você mesmo.

– Isso soa familiar – avaliei, metendo a mão no bolso para apanhar a carta.

– Deixe-a onde está. Ela não vai a lugar nenhum.

Concordei.

– Pense no que se passou no escritório de Janice dias atrás. O que estava acontecendo com ela?

– Bem – recordei –, ela estava abatida, desanimada e pronta para pedir demissão.

– E você a ajudou a reacender o fogo, não foi?

– Não posso levar o mérito por isso.

– Então, o que você fez de bom?

Ele olhou para mim.

– Fiz a pergunta certa – afirmei, sem muita convicção.

– Que foi...?

– Que foi: "Por que você ama este lugar?"

– Agora, que tal fazer a si mesmo a pergunta certa, Steve?

– E que tal você me dar uma dica, Edg? – eu estava ficando impaciente. Sentia um formigamento, como se estivesse aparecendo uma erupção cutânea de origem emocional.

– Certo. Aqui vai uma. Você sabe o que a palavra "audácia" significa?

– Você quer dizer "audácia" com o mesmo sentido de que falamos quando nos referimos à Liderança Radical?

– Isso mesmo. Audácia é o desprezo corajoso e flagrante ao que é usualmente estabelecido e aceito. Mas, se você procurar no dicionário, verá que há mais de um significado para essa palavra. Um deles é a audácia relacionada à coragem e o outro é a audácia que revela atrevimento, temeridade e insolência.

– Aposto como você é formado em Letras – eu brinquei.

Ele deu uma gargalhada.

– Tento fazer minha lição de casa. Mas a diferença entre os dois significados – continuou – resume-se a amor versus ego. A audácia inspirada no amor é corajosa, realizada às claras e plena de valor. É o tipo de audácia necessária para se mudar o mundo para melhor. A audácia inspirada no ego é uma droga. Em outras palavras, algumas pessoas só são audaciosas com a finalidade de chamar atenção para si mesmas, não estão interessadas em nada mais que não seja a própria imagem.

– É essa a dica que você tem para me dar? Está me chamando de droga? – Brinquei, pelo menos era o que eu pretendia.

– Isso depende.

– De quê?

– Você foi ao escritório da Janice por amor e solidariedade e por causa das dificuldades que ela estava passando ou porque achou que seria bacana ter um cliente como a Xinonix no seu currículo?

– Eu nem mesmo pensei em currículo – respondi, soando tão na defensiva quanto me sentia. – Além do mais, não estou sendo pago por isso.

– Calma – Edg riu –, acredito em você. Então, se o amor é a motivação para ajudá-la, quais são seus objetivos?

– Gostaria que ela estivesse mais feliz no trabalho e que fosse uma líder melhor para a empresa.

Edg afastou-se do gradil, fechou os olhos, esticou os braços acima da cabeça e deu um bocejo muito barulhento. O cachorro latiu dentro da casa de Garrison.

– Desculpe – fiz cara de zangado. – Estou atrapalhando seu sono?

– Perdão, cara. Sem querer ofendê-lo, mas isso é assim... tão banal – disse Edg, dando um impulso para cima e se sentando sobre o gradil. Ficou ali balançando as pernas como uma criança num balanço. – Desta vez – provocou – quero ouvir um pouco de audácia, cara! *Que objetivos você está tentando alcançar?*

– Quero ajudar Janice a reenergizar a empresa?

– Está me perguntando ou está afirmando? Puxa, cara, chega de embromação.

– Certo – concordei. – Vou falar seriamente. Em termos audaciosos, o que pretendo realizar é... – fiz uma pausa, esperando que palavras apropriadas e inspiradoras saltassem dos meus lábios. E, nessa espera, tive certeza de que elas não apareceriam.

– O quê? – Edg perguntou.

– Quero ajudar Janice a salvar a raça humana.

Senti o rubor no rosto e imediatamente comecei a procurar por uma resposta diferente e menos constrangedora. Aquela dava a impressão de clichê, de frase feita. O único problema é que eu estava falando sério. A missão de Janice, compreendi, tinha mexido comigo. Eu desejava participar daquele projeto. Queria poder dizer que havia tido um papel significativo na mudança do mundo, e não porque esse feito pareceria bacana no meu currículo – embora isso também fosse verdade.

Edg sorriu.

– Você quer mudar o mundo, ajudando a salvar a raça humana. Agora, se levar essa intenção a sério e refletir o bastante sobre ela, pensará em milhares de formas possíveis para usar seus talentos e alcançar esse objetivo. Mas, por enquanto, ajudar Janice é um excelente começo, pelo menos para mim.

Percebi que eu estava inclinando a cabeça num gesto afirmativo, apesar de a hesitação e a dúvida continuarem estampadas no meu rosto.

– Ainda me parece um pouco abstrato. Não quero que seja assim, Edg, mas é. Talvez essa sensação seja conseqüência de anos de condicionamento no mundo empresarial. Palavras como "confiança" e "amor" e expressões como "mudar o mundo", embora eu saiba quanto elas são importantes, em geral são ridicularizadas e descartadas como "fracas".

– Descartadas por quem?

– Pelos empresários durões e práticos, principalmente.

– Mas esses dias estão no fim. – Edg retirou os óculos e esfregou as lentes nas fraldas da camisa. – O sol está se pondo para esses durões. Hoje em dia, todo cidadão comum sabe que a integridade e sua conta bancária estão intimamente ligadas. Confiança, amor e solidariedade *são* princípios empresariais definitivos. Os impostores estão sendo desmascarados e os Líderes Radicais estão assumindo seu lugar. Esta será a era da audácia inspirada no amor – continuou, com toda a empolgação. – É o momento de todos nós pegarmos de volta nosso poder e de nos tornarmos Líderes Radicais. Temos que estabelecer um exemplo novo do que é certo nos negócios e em todas as outras áreas.

Precisamos ser audaciosos o bastante para seguir os exemplos que respeitamos e desafiar aqueles dos quais discordamos.

– De que forma? – perguntei.

– Por exemplo, uma colaboradora subserviente que, por ordem do gerente, destrói documentos suspeitos está escolhendo ser exatamente isto: uma subordinada. Essa pessoa está optando, conscientemente, por perpetuar uma liderança podre e, por isso, faz parte dessa podridão. Mas, se ela olhar dentro do próprio coração, se buscar pelos valores que estão lá e convocar a audácia para fazer o que é certo e honrado, vai preferir rejeitar a ordem e se responsabilizar pelas conseqüências dos seus atos. Essa pessoa assume, então, o papel de Líder Radical e, por conta disso, contribui para a criação de um mundo melhor.

– Certo, Edg, estou entendendo. Digamos, porém, que você esteja falando com seus colaboradores comuns ou com o gerente. Ou mesmo com o supervisor. O que diria a eles?

– "Comuns" é pejorativo, Steve.

– Você sabe o que quero dizer.

– Eu diria a mesma coisa. Assuma agora o compromisso de que, não importa onde você esteja no organograma e não importa o que diga a descrição da sua função, você defenderá o que é certo e mandará o que é "usualmente estabelecido e aceito" para o inferno. O mundo precisa de você neste momento. Necessita da sua influência e da sua atitude audaciosa. E suas ações exigirão que você busque força no coração. Nunca permita que alguém lhe diga que seu coração não é grande o bastante nem acredite na propaganda que afirma que o mundo é controlado por uns poucos escolhidos. Ninguém controla seu mundo, a menos que você permita.

– Assuma uma posição – ele continuou –, arrisque a própria pele no jogo, seja o advogado de defesa da integridade. Este é o momento de alterar a imagem, o comportamento e, por fim, o tipo de contribuição que a empresa deixará como legado, e isso é algo que você fará por meio do seu próprio comportamento e exemplo. Pode ser que você não acredite que tenha condições de mudar o planeta inteiro (e você pode estar errado), mas, com certeza, pode modificar o pequeno mundo em que vive com os seus: o mundo da sua empresa, o mundo dos seus colaboradores, o mundo da sua indústria e o mundo da sua família. Negar isso é negar sua capacidade como ser humano. Porém não se esqueça: a escolha é sua.

Naquele exato momento ouvi um telefone tocar dentro da casa. A secretária eletrônica atendeu e uma mensagem que eu já conhecia atravessou a janela aberta no segundo andar. A impressão era de que a voz estava falando comigo através do vento: "Quem é você? O que você quer?" Uma gota de suor rolou pelas minhas costas. A pessoa que havia feito a ligação desligou.

Edg estava sorrindo – eu, não.

VINTE E UM

Bob Jeffers estava hospitalizado. Como fiquei sabendo depois, ele desmaiara no escritório, no sábado, na mesma hora em que Edg me sabatinava no gazebo de Garrison. A princípio pensaram que tivesse sido um infarto, mas o diagnóstico foi ataque de pânico relacionado com estresse. Janice o levou para o hospital, o que era mais do que justo, porque fora ela a causadora do desmaio.

Aos sábados é bastante tranqüilo na XinoniX. Algumas pessoas com prazos de entrega apertados chegam lá de calção e sandália de dedo para trabalhar sem as interrupções de um dia de semana típico. Naquele sábado, porém, o escritório estava vazio. Pelo menos Janice pensou que estivesse. E Bob Jeffers também. Eles trabalhavam nos seus respectivos escritórios sem necessitarem de nada de fora, absortos nas tarefas e felizes por não terem que se preocupar um com o outro, quando a Mãe Natureza, no seu infinito humor, fez com que os relógios biológicos dos dois funcionassem precisamente no mesmo momento.

Janice pôs a caneta sobre a mesa. Jeffers afastou o computador. Janice entrou no corredor. Jeffers fechou a porta e girou a chave. Janice virou à direita; Jeffers, à esquerda. Saíram andando rapidamente para o banheiro, fizeram a curva partindo de direções opostas e acabaram dando um belo encontrão um no outro.

O susto e o choque foram grandes demais para Bob. Levando as mãos ao peito, ele caiu para trás e bateu a cabeça com toda a força na parede. Janice correu para o telefone mais próximo e chamou o serviço de emergência. Foi junto com o Sr. 51% na ambulância e, segundo me contaram, ficou segurando a mão dele durante todo o percurso até o hospital.

A adversidade – alguém disse uma vez – não constrói o caráter, ela o revela.

Tínhamos ficado tanto tempo no jardim de Garrison que eu já estava começando a me sentir em casa naquele gazebo. Era muito estranho, considerando que não tinha sido apresentado ao nosso anfitrião.

Como sempre, Edg tinha me dado muitas coisas para refletir a respeito. Sentia-me emocionalmente irritado, intelectualmente estimulado e fisicamente exausto. Meu celular tocou, pedi licença a ele e atendi. Janice me disse que estava no hospital e contou o que tinha acontecido. Edg acompanhava minha parte na conversa.

– Onde você está? O que houve? *Verdade?* Você está brincando. Ele está bem? Para que você me quer aí? Claro, posso ir, sim, se é essa a sua vontade. Vou chegar o mais rápido possível – desliguei e me virei para Edg.

– Meu encontro com Garrison vai ter que ficar para outro dia. O dever me chama. Preciso ir para o hospital.

– Está tudo bem?

– Parece que sim. Era Janice. Ela está no hospital com Bob Jeffers – informei-o rapidamente sobre o que tinha acontecido. – Ela diz que quer ter uma conversa definitiva com ele agora mesmo.

– Pelo visto, chegou sua oportunidade, Steve – afirmou, empurrando os óculos na direção da ponta do nariz.

– Oportunidade para quê?

– Cabe a você descobrir.

Não tive tempo, energia nem paciência para dar prosseguimento ao assunto.

Edg disse que ia ficar por ali um pouco mais. Apesar da minha insistência para que me deixasse levá-lo de volta, ele me convenceu a ir diretamente para o hospital.

– Não se preocupe comigo. Vou arranjar um jeito de voltar para casa – assegurou.

Enquanto eu andava pelo jardim e dava a volta pela lateral da casa, o cachorro latiu novamente. Para minha surpresa, ouvi a porta dos fundos abrir e fechar.

Virei para trás e corri de volta para o jardim. Edg tinha ido embora.

– Filho-da-mãe! – disse para mim mesmo. – Garrison estava ali o tempo todo.

Ao abrir a porta do Mustang, olhei na direção da casa e, por uma fração de segundo, tive a impressão de que ela estava olhando de volta para mim. Mas não era a casa, e sim dois pares de olhos na janela do andar superior – um deles pertencia a um gatinho marrom e o outro a um cão. Um *retriever*. E pode parecer mentira, mas dava a impressão de ser a Sadie.

VINTE E DOIS

A ansiedade tomava conta de mim. Era horário de visita no hospital, portanto entrar no quarto de Jeffers não seria problema. Quando cheguei, eu não fazia a menor idéia do que poderia acontecer. Janice estava contando comigo para algo. Para "facilitar" as coisas, ela dissera. Essa é uma daquelas palavras carregadas de significados diferentes para pessoas diferentes. Eu sabia da existência de alguns facilitadores que apareceriam em circunstâncias desse tipo com uma caixa de marcadores de texto e um bloco de papel para *flip-chart*. Não imaginei que fosse isso que Janice tivesse em mente.

Eu não tinha caneta nem papel, mas possuía outras vantagens. Em primeiro lugar, havia trabalhado com Jeffers antes e, até onde eu conseguia perceber, ele gostava de mim. Em segundo lugar, nem preciso explicar que mantinha uma ótima relação com Janice, que, por alguma razão, confiava em mim. Por fim, e esse era o grande motivo, queria ajudar Jeffers, Janice e a XinoniX a salvarem o mundo.

Não sei se eu estava romanceando ou fazendo tempestade num copo d'água, mas de repente me ocorreu que os interesses envolvidos eram enormes. E ali mesmo, com a mão apoiada na maçaneta da porta, enquanto vacilava no corredor do lado de fora do quarto de Jeffers, pressenti que uma parte significativa do futuro seria determinada nos próximos minutos. O meio de vida, e talvez a própria vida, de muitas pessoas estava, sem que elas tivessem conhecimento disso, na dependência do resultado da conversa que estava para acontecer. O futuro da XinoniX dependia da permanência de Janice e Jeffers na empresa – e de trabalharem juntos. E a condição para que continuassem lá dependia, de algum modo, de mim.

Então, naquele exato momento, duas palavras me vieram à mente.

Janice estava sentada numa cadeira no canto do quarto, que, se não fosse por ela, estaria desocupado. A cama estava vazia, e não havia nenhum sinal de Jeffers quando ela se levantou para me cumprimentar. Janice estava de short e de camiseta – roupa de ir trabalhar aos sábados. Seus olhos, vermelhos, faziam um forte contraste com a palidez do rosto. Ela parecia acabada.

– Ele morreu? – perguntei, tentando desanuviar o ambiente com um pouco de humor forçado.

– Isso não é engraçado – Janice respondeu de cara feia. – Por um instante pensei que o tivesse matado. E acredite: não achei um pingo de graça nisso. Por fim, o diagnóstico foi uma espécie de ataque de pânico e um grande galo na cabeça, mas fiquei apavorada, fora de mim.

– Desculpe – disse, meio sem graça. – Também não me sinto à vontade. Onde ele está?

– No banheiro.

– Será que agora ele conseguiu fazer?

Janice não foi capaz de segurar o riso. O humor negro às vezes erra o alvo, mas o humor negro *cruel* pode acabar acertando na mosca.

– Então qual é o plano? – perguntei.

– Basicamente, queria você aqui para me dar apoio moral, para segurar minha mão (estou falando em termos emocionais) enquanto faço o que tenho que fazer.

– E o que você pretende fazer?

– Vou pedir demissão.

– Ai, meu Deus – comecei a dizer, mas não tive chance de terminar porque naquele instante a porta se abriu e um enfermeiro entrou no quarto empurrando uma cadeira de rodas com Bob Jeffers.

Janice podia estar com a aparência ruim, mas, perto de Jeffers, ela mais parecia uma margarida na primavera. A pele dele estava acinzentada, e tufos de seu cabelo grisalho e grosso saíam por baixo da bandagem de gaze. As pernas brancas e atarracadas destacavam-se sob o avental do hospital, enquanto os pés se comprimiam dentro de meias três-quartos pretas. Quando ele me viu, seus olhos brilharam com uma interrogação.

– Steve Farber, não é? Há quanto tempo!

– Oi, Bob – eu disse, estendendo a mão para o vazio à minha frente. – Como está se sentindo?

Ele deu uma olhada para Janice, que estava atrás de mim, e segurou minha mão no ar com um aperto surpreendentemente forte.

– Tive muita sorte. Nasci de novo – ele disse, suspirando. – Não tenho a menor intenção de ser indelicado, mas o que você está fazendo aqui, Steve?

– Eu pedi que ele viesse – explicou Janice, antes que eu pudesse responder. – Se você estiver disposto, acho que nós três poderíamos conversar.

O enfermeiro ajudou a colocar Jeffers na cama e avisou antes de deixar o quarto: "Faltam quinze minutos para o término do horário de visitas." Nós nos entreolhamos num silêncio desconfortável. Janice e eu nos sentamos. Jeffers apanhou um copo descartável cheio de gelo picado e ficou mastigando enquanto pensava.

– Sabemos que você precisa descansar – eu disse a Jeffers. – Se preferir conversar depois, compreendo.

Esperava, sinceramente, por uma resposta que me livrasse daquele lugar. Nunca gostei de hospitais. Nem de conflitos. Conflito num hospital era uma chateação em dobro sem a qual, tinha certeza, eu poderia viver muito bem.

Ele engoliu o gelo e disse:

– Não sei exatamente o teor da conversa, mas suponho que agüento qualquer coisa por uns quatorze minutos.

Janice pigarreou ostensivamente e nós dois nos viramos para ela. "Aqui vamos nós", pensei.

– Bob – começou. – Acho que está na hora de eu...

– Botar as cartas na mesa. Foi por isso que ela me chamou aqui. Para ver se podia ajudar vocês a acertar os ponteiros – interrompi.

Eu sabia que não era muito educado falar em nome de outra pessoa, pelo menos é isso o que ensinam na escola para facilitadores. Mas, às vezes, os fins justificam os meios. Fui em frente antes que Janice conseguisse se recuperar do choque pela minha intrusão. Restavam treze minutos. Nenhum tempo para sutilezas. Respirei fundo.

– Bob – comecei –, você sabe que todas as pessoas na sua empresa o consideram um idiota? – Ouvi Janice prender a respiração. – Seus colaboradores e executivos, inclusive a Janice, dizem que você é autoritário, insensível, um burocrata inacessível e que não dá a mínima para o futuro da XinoniX. – Ele parou de mastigar o gelo. "Agora já não posso mais dar meia-volta", pensei.

– Mas – continuei, antes que ele pudesse emitir um som – sei por fonte fidedigna, por meio de Garrison, para ser sincero, que isso não é verdade. – Com um olho pude ver uma Janice aturdida. – Realmente é um infeliz erro de percepção sobre quem você é e o que realmente quer.

Agora as bocas de ambos estavam escancaradas. A minha continuava se mexendo. Virei-me para Janice. – Quero lhe contar qual é a opinião de Garrison. Ele afirma que Bob é um estrategista brilhante. Diz que as habilidades dele para analisar e executar são de primeira qualidade e que a XinoniX não teria nenhum futuro sem Bob.

– Quando foi que você encontrou o Teddy? – perguntou Janice, ofegante.

Ignorei a pergunta.

– Mas disso você já sabe, não é, Bob?

Ele olhou para o chão, titubeou um instante e respondeu:

– Sim.

Janice tremeu de raiva. Porém, antes que ela pudesse xingá-lo de idiota arrogante ou de algo menos educado, continuei.

– Mas você também sabe de outra coisa, não é?

– Sim – ele respondeu. – Sei, sim.

– O quê? – gritou Janice.

Ele virou a cabeça. Pela primeira vez, eu o vi olhá-la direto nos olhos. Depois disse:

– Detesto lidar com pessoas. Mas você, Janice, é uma superestrela nessa área. Não posso fazer nada sem você, sem sua influência.

O queixo dela foi ao chão, e vi nos seus olhos vermelhos que ela estava tentando freneticamente processar a nova informação.

– Ouça – ele continuou. – Sei que o que o Steve diz é verdade. Tentei ao máximo negar isso, admito. Mas essa experiência pela qual passei... – e fez um gesto largo para indicar o quarto de hospital – foi um chamado para que eu despertasse, como costumam dizer.

– Como assim? – perguntei.

– Estou superestressado. Não tenho certeza de que sou capaz de satisfazer as expectativas que todos têm em relação a mim. Quando assumi a posição de Garrison, sabia que estava entrando num negócio que, em grande parte, ele construiu com sua personalidade e seu carisma. E essas qualidades não são meu forte.

Bob fez uma pausa e suspirou novamente. – Não me entendam mal: sou um excelente homem de negócios. Meu histórico é de sucesso. Tenho orgulho de tudo o que realizei na vida, mas tentar me igualar a Teddy é dificílimo. Ele não é apenas respeitado pelas pessoas, ele é amado por elas. Pelo que você me contou, e como eu mesmo disse, não estou conseguindo bons resultados em nenhum desses dois aspectos.

– Você se arrepende de ter aceitado o trabalho? – perguntei, surpreso com a sinceridade dele.

Ele passou os olhos pelo quarto.

– Ainda não sei. Lamento que algo relativo ao trabalho tenha feito com que eu viesse parar *aqui*, sem a menor dúvida.

– Por que você aceitou o trabalho, para início de conversa? – perguntei.

– O boato que corre é que o conselho me contratou e forçou a saída de Teddy, mas isso não é verdade. Foi ele quem me contratou. Teddy me contou a história da XinoniX, explicou a visão da empresa e os desafios e apelou para o que ele chamou de minha "inigualável perspicácia empresarial". Aquele foi um elogio e tanto, porém não foi por isso que aceitei.

Janice estava muda. Perguntei:

– Por que aceitou, então?

– Vi isso como uma oportunidade de fazer algo significativo para o mundo.

Senti um formigamento.

– Fazer o que para o mundo?

Ele hesitou um pouco. Olhou para baixo, para as próprias mãos, e falou baixinho:

– Salvá-lo.

– Como assim? – insisti.

Bob titubeou outra vez.

– Bem, isso pode soar estranho vindo de mim, mas passei a entender que há mais num negócio do que apenas números. Sim, números são importantes, para dizer o mínimo, e sou perito no assunto. E não há nenhuma dúvida de que, quando eles são bons, somos pagos de acordo. Bati minha cota de números e fui bem recompensado por isso. Só que eu tinha essa sensação persistente e crescente de que estava deixando passar algo vital.

– Como o quê? – perguntou Janice.

– Foi muito difícil colocar em palavras. Alma? Propósito? Impacto? Não sei bem... – Ele olhou na minha direção. – Certa vez, ouvi de um colega seu, Tom Peters, que a pior coisa para ele seria alguém escrever no seu túmulo o seguinte epitáfio: "Ele bateu metas." Sinto a mesma coisa. Quero que meu trabalho produza algum significado. Então entrei para a XinoniX para fazer algo importante e imaginei que, se conseguisse, os bons resultados financeiros viriam como conseqüência.

– Então, Bob, o que quer escrito na sua lápide? – perguntei.

– "Ele ajudou."

Janice parecia atordoada.

– Por que nunca me disse isso, Bob? – ela quis saber.

– Nunca disse isso a ninguém.

– Por que não?

Bob encolheu os ombros.

– Bob – disse Janice.

– Sim?

– Você é péssimo em lidar com pessoas.

Os ombros de Bob tremeram, e eu ouvi um som que nunca ouvira dele antes: ele estava rindo.

– É por isso que preciso de você, Janice. Você me ajudaria?

Ela olhou para o teto e respirou fundo.

– Pode contar comigo.

– Muito bem – declarei, levantando-me da cadeira. – Parece que vocês dois, finalmente, têm um programa de trabalho em comum. Estão felizes por termos tido essa breve conversa? – Era uma pergunta que não demandava resposta. – Mas há outra coisa que vocês precisam fazer.

– O quê? – eles perguntaram em uníssono.

– Provar que é isso mesmo o que querem.

Domingo

VINTE E TRÊS

Janice estava indo para o meu apartamento. Eu tinha lhe prometido uma explicação sobre Garrison quando estávamos no estacionamento do hospital, após o encontro da véspera. Naquela hora, consegui protelar a conversa alegando cansaço e a iminência de uma morte cerebral.

Parei no supermercado a caminho de casa para comprar um kit de recuperação para as noites de sábado: um litro de Coca-Cola light, uma pizza congelada, uma caixa de sorvete de morango com pedaços de fruta, bombons e um tubo de creme chantilly. Um dos canais de TV a cabo estava reprisando episódios seguidos da série de ficção científica *Além da imaginação*, que, por alguma razão, pareciam vir bem a calhar.

Depois, naquela luminosa manhã de domingo, tomei meu café e cuidei da ressaca de açúcar e gordura, tentando pôr meus pensamentos em ordem e juntar muitas idéias brilhantes para explicar à Janice meu... bem, meu quase encontro com Garrison. Não estava conseguindo grande coisa.

Fui até à varanda e olhei para baixo justamente quando Janice estacionava. Enquanto ela saía do Pathfinder, olhei sem querer mais acima na rua, para a esquerda, e vi Edg, de skate, vindo na direção dela. Quando de repente, ao vê-la, ele deu uma freada rápida, lançando o skate para cima e agarrando-o. Edg não parecia exatamente apavorado, mas olhou em volta como se tentasse encontrar uma rota de fuga. Pulou no skate e, virando à direita, saiu pelo caminho lateral que margeava o prédio. Desapareceu. Muito estranho...

Janice, sem perceber o que acontecera, colocou as chaves do carro na bolsa e cruzou a rua na minha direção.

– Oi! – ela me cumprimentou. – Posso subir?

Depois, nos sentamos nos tamboretes altos que eu tinha colocado estrategicamente na varanda para que pudéssemos apreciar a fantástica vista da baía. Uma brisa suave sacudia as folhagens das palmeiras, lá no calçadão. Outro domingo perfeito em San Diego, exceto pela minha dor de cabeça.

– Muito bem – ela disse. – Quero saber de absolutamente tudo.

Entreguei-lhe a carta, imaginando que seu conteúdo passaria a essência da situação. Não estava com vontade de contar a ela em detalhes como tudo havia acontecido nem me sentia com disposição para isso.

– Uma carta diretamente da fonte – expliquei.

Janice arqueava as sobrancelhas enquanto seus olhos faziam um ziguezague pelas palavras.

– Não entendo esse homem. Por que ele não me ligou e falou comigo a respeito desse assunto?

– Parece bem claro para mim – retruquei. – Ele quer que você cresça sem a ajuda dele.

– Certo, mas ele...

– Esqueça-se dele por enquanto, Janice. Garrison a ajudou a chegar até aqui, mas é você quem tem que dar o salto, percebe?

– E se eu não conseguir?

– Vou lhe dizer o que o meu amigo Edg responderia.

– Quem?

– Isso é outra história para outra ocasião. De qualquer maneira, ele diria que seu amor pela XinoniX, por seus produtos e por seu pessoal lhe dará energia para ser audaciosa, confiante e corajosa. Se continuar lembrando a si mesma e aos outros da importância do trabalho e do grande futuro que vocês estão batalhando para criar, você produzirá a energia de que todos precisam para vencer qualquer tipo de obstáculo e desafio. Sua energia vai contagiar todas as pessoas, inclusive Jeffers, da mesma forma como Garrison fez com você. Vi seus olhos brilhando, Janice. Vi isso naquela manhã no seu escritório, vi isso ontem no hospital e vejo agora. Amor produz energia, essa é a mais pura e simples verdade. E você já sabe disso, conscientemente ou não. Pode até achar que ainda está vacilante no seu papel de líder, mas seu coração já está comprometido.

– Você fala com tanta segurança...

– É porque tenho certeza.

– Como você consegue estar mais seguro do que eu mesma?

– Não tem que ser necessariamente desse jeito. Você só precisa dar um último passo.

– Qual?

– O amor exige uma prova. Você precisa provar a você mesma e a todos os que estão ao seu redor.

– Como assim?

– Vamos começar pelo "quando".

– Certo. Então, quando? – ela quis saber.

Eu já tinha pensado muito sobre isso. Perguntei:

– Jeffers vai trabalhar amanhã?

– Ele me disse que sim.

– Ótimo. Amanhã, portanto. Vamos dar à XinoniX uma razão para celebrar a chegada da segunda-feira.

– Seria uma transformação daquelas.

– Bem, é preciso ligar o interruptor para acender as luzes.

– Agora, sim! Essa foi uma boa metáfora.

Passamos as horas seguintes montando nosso plano. Ao terminarmos, sentimos que aquela segunda-feira teria o potencial para ser o início não só de uma nova semana como de uma nova e reenergizada XinoniX.

Quando começou a anoitecer, Janice foi embora para explicar a Jeffers o papel que ele assumiria nos eventos de segunda-feira e para ter certeza de que ele estava de acordo com aquilo. Vesti um suéter de moletom e saí para uma caminhada. Dali para a frente, as coisas estariam nas mãos deles.

Parei no final do calçadão e dei uma olhadela na praia. Pela primeira vez, depois de muito tempo, não sentia necessidade de molhar os pés para pensar com clareza. Estava satisfeito com as novas perspectivas que se abriam na minha vida particular e profissional.

Adorava quando as pessoas me perguntavam o que eu fazia e sempre respondia cheio de orgulho com títulos como: *consultor de liderança, conselheiro, orientador de seminários* ou *palestrante.* Essas coisas eram diferentes, até mesmo glamourosas, e serviam como temas de conversas interessantes e animadas. Mas o que despontara em mim com força crescente nos últimos dias foi a perturbadora constatação de que as funções que eu vinha exercendo eram fundamentalmente vazias e quase destituídas de significado. Tudo parecia importante, no entanto, na verdade, eu não havia me esforçado para fazer nada que tivesse um significado mais duradouro. Trabalhava com líderes, porém não assumia a liderança. Falava com convicção, mas eu mesmo não estava convencido. Inspirei algumas pessoas a agir, embora eu – ao analisar a questão com uma visão mais fria e objetiva – não tivesse feito absolutamente nada.

Agora era diferente. Uma mudança essencial havia ocorrido. Eu estava apaixonado pelo meu trabalho, ou, melhor ainda, estava abandonando um trabalho e abraçando uma causa. Não que eu fosse alguém especial, nada disso, mas estava, por fim, inteiramente seguro do que queria realizar enquanto estivesse neste planeta. E, quando refleti sobre essa nova missão de mudar qualquer parte do mundo que eu tocasse, senti um calor verdadeiro e autêntico agitando meu coração. Para resumir: senti o amor.

A partir daquele dia, jurei para mim mesmo, de frente para o mar, que iria, com toda a energia e audácia que pudesse reunir, encarar minha vida e todos os compromissos com os clientes baseado no firme propósito de transformar o mundo. E, se saísse um pouco da linha ou até mesmo falhasse completamente, não teria nem mesmo a mais leve sensação de arrependimento, pois teria agido com a melhor das intenções. Estava sendo radical, afinal. E estava eufórico.

Embora eu já estivesse trabalhando com liderança por quase quinze anos, a sensação era de que meu encontro com Janice, Jeffers e a XinoniX era um começo. Será que eles conseguiriam mudar as coisas? Eu não sabia. Janice seria uma líder consideravelmente melhor como resultado dos nossos esforços? Acredito que sim. Eu não tinha a menor dúvida de que ela realizaria coisas extraordinárias, pouco importando o que fosse acontecer ou não no dia seguinte. E eu me sentia... extremamente bem, cara.

Quando já estava indo para a cama naquela noite, me ocorreu que – com exceção daquela visão rápida, esquisita e distante que tive a partir da varanda – não tinha visto Edg desde que me despedira dele no sábado à tarde, no gazebo da casa de Garrison. Realmente gostei dele e por isso não tenho vergonha de admitir que sentia sua falta. Nossas conversas haviam provocado um efeito notável no modo como eu penso sobre o mundo e sobre o lugar que ocupo nele. Além disso, no breve tempo em que passamos juntos, adquiri uma profunda dívida de gratidão com ele e seus ensinamentos. Edg não tinha pedido nada em troca. Mesmo assim, por alguma razão, nunca questionei seus motivos. Na nossa segunda reunião, ele disse que eu estava lhe fazendo um grande favor, mas eu não percebi nenhuma evidência disso. Talvez Edg apenas quisesse alguém para azucrinar.

Liguei a TV e sintonizei no noticiário local para ver a previsão do tempo. Em San Diego não há muita surpresa quando se trata de clima. A temperatura máxima e mínima no litoral fica na média de 21°C. Para o interior, sobe de 5°C a 10°C. E isso é tudo.

Em outras palavras, a previsão do tempo não exigia muita concentração. Por causa disso, quase perdi a notícia que foi dada em seguida. O nome de William Maritime chamou minha atenção de volta para a TV.

O âncora estava dizendo: "O multimilionário recluso e filantropo morreu no final da tarde de hoje, no San Diego Memorial Hospital. A causa da morte não foi confirmada, mas fontes próximas ao falecido Sr. Maritime nos informaram que ele vinha lutando contra um câncer há bastante tempo. Seus últimos dias foram passados tranqüilamente num trailer em North County, em San Diego. A repórter Jennifer Lee apresenta agora uma retrospectiva da vida do homem amado por muitos, profundamente respeitado e – alguns diriam até – um empresário misterioso..."

Caí sentado na beirada da cama. Meu coração despencou com a notícia e parecia afogar-se dentro do estômago. Foi por isso que eu não tinha visto o Edg naquele dia. "Puxa vida, essa não, essa não..." – eu disse em voz alta.

Não sabia como entrar em contato com Edg, não fazia a menor idéia de onde ele morava e tinha o terrível pressentimento de que não o veria tão cedo.

Procurei nos bolsos pela carta que Pops tinha me dado poucos dias atrás. Nas minhas mãos, a única prova tangível de que, na verdade, eu havia passado algumas horas extraordinárias com um grande homem e que ele, por um motivo justo ou não, decidira me dar crédito. Agora ele partira. A palavra escrita sempre sobrevive ao homem.

Estava certo de que a carta seria o combustível com o qual eu funcionaria pelo resto da vida. Pops levou alguns minutos para escrevê-la, e ela me daria poder para sempre. Eu a reli tantas vezes que as palavras ficaram impressas no meu cérebro e, certamente, no meu coração. Fechei os olhos e assisti às palavras caindo e flutuando na escuridão atrás das minhas pálpebras. Foi como se meu coração tivesse parado.

Num ato repentino, puxei a carta de Garrison do outro bolso do meu calção jeans e segurei os dois manuscritos lado a lado. Naquele instante, tudo se encaixou num clique ressonante.

Segunda-feira

VINTE E QUATRO

A manhã de segunda-feira na XinoniX começou mais cedo do que o habitual para Janice e Jeffers. Eles tinham se encontrado no escritório às 6h30 e passado um pente fino na pauta da reunião geral da empresa, convocada para as 10h. Cheguei às 9h, peguei meu crachá de visitante e esperei pelos dois na sala de reunião da diretoria.

Não tinha tido notícias de Edg, e foi difícil desviar o pensamento para qualquer outra coisa. Então fiz o que normalmente faço quando estou agitado e distraído: andei de um lado para o outro. Caminhei ao longo das paredes da sala de reunião, que exibiam uma espécie de história visual da empresa. Numa delas havia uma extensa área coberta de quadros, nos quais tinham sido emoldurados folhetos de marketing da XinoniX e artigos de publicações especializadas em negócios, como o *Wall Street Journal*, a *Barron's*, a *Fortune* e a *Forbes*. Na outra parede estavam retratos e mais retratos da turma da XinoniX, tirados em várias festas e eventos da organização. A foto maior e que se destacava entre as demais era a de um grupo de pessoas com uma legenda que dizia: "Todos nós: 1999." Como eu nunca tinha visto uma foto de Garrison, tentei reconhecê-lo no meio daquelas pessoas.

Mas, antes que me aproximasse para observar melhor a imagem, Janice e Bob chegaram.

Ambos estavam com ótima aparência, e ouvi no ar sinais de uma alegria nervosa quando me cumprimentaram com um bom-dia. Bob usava uma calça cáqui e um paletó esporte preto sobre uma camiseta de seda branca. A atadura da cabeça fora substituída por um band-aid enorme. Janice vestia uma camiseta pólo com o logotipo da XinoniX por dentro da calça jeans de grife, saída da lavanderia. Fiquei feliz por ter optado por uma roupa informal, sobretudo porque tinha acordado muito tarde e estava cansado demais para lutar com uma gravata.

– Está na hora do show – disse Janice, acenando da porta para mim.

O pessoal da XinoniX já estava reunido no refeitório quando entramos. Peguei uma xícara de café e um bolinho enquanto Bob e Janice circulavam, apertavam mãos e jogavam conversa fora.

Estava perto da mesa me servindo de leite e adoçante quando escutei umas pessoas – sempre aprendo muito quando ninguém sabe quem sou – conversando sobre o que achavam que seria anunciado.

– Isso vai ser interessante – disse um sujeito. – Ainda não ouvi Jeffers dizer uma palavra sequer desde que chegou.

– É... *interessante* – completou uma moça com um prato de frutas na mão. – Já vi esse tipo de lixo milhões de vezes. A última coisa de que preciso é de um monte desse lixo. Na última empresa em que trabalhei, tínhamos reunião geral todas as semanas. Quase ninguém comparecia. Era lixo com ares de superioridade. Tenho lixo demais para fazer para perder meu tempo escutando lixo de gente que, na verdade, não dá a mínima para mim.

Tomei um gole do café, que, por algum motivo, estava um lixo.

Sentei-me mais ao fundo na sala para que pudesse ter a perspectiva mais ampla possível do grupo e fiquei bebericando e mastigando enquanto o refeitório se enchia de gente. Janice foi até à frente e pegou o microfone.

– Estão me escutando bem? – ela perguntou.

Acenei vigorosamente com a cabeça, apoiei a xícara e fiz um entusiasmado sinal afirmativo com o polegar.

– Por favor, sentem-se. Vamos começar em alguns minutos.

"Até que enfim", alguém murmurou.

Olhei à esquerda. Tinha sido a Senhora Lixo, sentada ao meu lado. Que grande oportunidade para uma análise comportamental.

– Com licença – eu disse. – Estava pensando em pegar umas frutas. Elas estão boas?

– Mais ou menos – ela respondeu de boca cheia. – Mas isto aqui é a Califórnia, e é um pouco difícil haver fruta estragada na Califórnia, não é?

Tive a sensação de que era um elogio e tanto... vindo dela.

– Este café está um lixo – puxei conversa.

– Sempre está – respondeu.

"Grande novidade", pensei.

O burburinho no refeitório começou a desaparecer quando Jeffers se sentou lá na frente de todos e Janice voltou ao microfone.

– Bom dia! – disse entusiasmada.

O grupo murmurou uma resposta.

– Ainda é de manhã? – resmungou minha vizinha.

– Vamos tentar mais uma vez: bom dia!

Outro resmungo coletivo.

"Puxa vida, platéia difícil", pensei.

Observei todos os presentes mais uma vez e depois focalizei minha atenção exclusivamente em Janice. Acho que eu estava mais nervoso do que ela. Nervosismo sem motivo nenhum, como ficou provado depois.

– Antes de passar o microfone para Bob, quero, em poucas palavras, explicar a vocês por que estamos aqui. – Fez uma pausa. – Não... vou dizer por que *eu* estou aqui. E, para se franca, por pouco não estaria. Vim trabalhar nesta empresa porque acreditei no que tínhamos. E acreditei no que tínhamos porque Teddy Garrison pintou um quadro irresistível e muito impressionante do futuro. Em pouco tempo, a visão dele me contagiou e me inspirou, e eu comecei não só a acreditar na XinoniX como também a amá-la.

Janice passou os olhos pela platéia, e tive a impressão de que ela havia feito contato visual com cada uma das trezentas pessoas que estavam ali. Em seguida prosseguiu:

– Todas as manhãs eu costumava pular da cama, literalmente. Na verdade, algumas noites eu nem sequer ia para cama. Ninguém jamais me fez passar uma noite em claro para cumprir um prazo de entrega acertado com algum cliente importante. Ninguém nunca fez com que eu me sentisse preguiçosa se não me esforçasse. A única pessoa a quem eu sempre dava satisfação era a mim mesma. E, embora houvesse momentos em que estivesse realmente cansada, em nenhuma ocasião me senti exausta. Só por curiosidade – ela continuou, esquadrinhando a platéia –, quantos de vocês conseguem se lembrar de ter tido uma sensação semelhante?

Pelo menos 80% das pessoas ergueram as mãos, inclusive a minha vizinha.

Janice voltou a falar:

– Foi o que pensei. E, por favor, sejam sinceros: quantos de vocês ainda têm essa sensação?

Depois de muito burburinho e olhares de soslaio, quatro pessoas levantaram as mãos – de forma relutante, foi a minha impressão.

– Agradeço a gentileza de vocês – ela continuou. – Como devem ter notado, não levantei minha mão. E o pressuposto é que eu seja uma líder. Tenho pensado muito sobre isso, tentando compreender o que deu errado para mim. – Fez uma pausa e olhou para baixo, para as mãos. – Fiquei extremamente zangada quando Teddy saiu. Eu me senti abandonada e traída por aquela pessoa cuja visão eu havia abraçado como minha. Não podia acreditar que tudo aquilo pelo que tínhamos nos esforçado tanto fosse tão *sem importância* para ele que ele pudesse nos descartar como um saco de lixo. Foi o que senti. Será que fui a única?

Várias cabeças se agitaram, uma seqüência de "nãos".

Janice foi em frente:

– Parece que estou falando por muitos de vocês, e isso pode ser verdade. Mas agora quero falar apenas no meu nome: fui uma completa idiota. Não uma idiota por acreditar na XinoniX, mas por atar essa crença a uma única pessoa. Teddy foi um grande líder para nós. Quanto a isso não há dúvida. Mas ele não foi a parte mais importante nem o único e decisivo fator do nosso sucesso. E, por isso mesmo, revelou-se um grande líder: montou uma empresa que poderia ter sucesso sem ele, e não por causa dele. Quando percebi isso, ficou evidente por que as coisas tinham dado errado para mim. Eu havia me esquecido de um ponto vital: esta empresa é *nossa*, afinal.

Seu rosto foi ficando vermelho enquanto ela prosseguia:

– As pessoas nesta sala desenvolveram e continuam a desenvolver nosso software, que é excepcional. As pessoas nesta sala vendem esse software excepcional. As pessoas nesta sala cuidam muito bem dos nossos clientes. As pessoas nesta sala, juntas, podem mudar o mundo se quiserem. E eu quero. Circularam rumores de que estou deixando a XinoniX. Na semana passada, esses boatos poderiam ter se confirmado. Mas estou aqui para lhes garantir que não irei embora. E não decidi ficar porque seja obrigada, embora não queira, somente para receber o contracheque e viver minha vida nos fins de semana. A partir de hoje, deste exato momento, reafirmo meu compromisso com nosso sucesso e com o sucesso dos nossos clientes. Minha energia está de volta, e não deixarei que ela desapareça outra vez. Serei muito honesta, não importa se vocês escolham vir comigo ou não, e quero avisar: estou com pressa. Mas desejo que me sigam. Vocês podem estar pensando que, por ser uma executiva, tenho a obrigação de ter esse tipo de discurso, independentemente de estar sendo sincera ou não. Algumas pessoas ficarão desconfiadas de que eu estou fazendo uma tentativa calculada de "massagear o ego", "de motivar as tropas" num último e desesperado esforço para salvar a XinoniX. Pode ser que eu mesma pensasse assim, se os papéis estivessem invertidos. Não. Não estou tentando mudar seus corações e mentes, já foi problemático o bastante modificar a mim mesma. Tudo o que posso dizer a vocês é que amo este lugar e amo o que podemos nos tornar. E sou completamente, verdadeiramente e sem nenhum sentimento de culpa, apaixonada pelo futuro que podemos criar juntos.

O ambiente estava energizado. Eu sentia que ela estava quase no fim e, por pouco, não me levantei e bati palmas. Optei, porém, pelas restrições profissionais.

Janice continuou:

– Estou pedindo a vocês que, por enquanto, façam somente uma coisa. Dirijam a vocês mesmos as perguntas que me fiz: por que eu amava a XinoniX antes e como conseguiria resgatar esse sentimento? Se acreditarem que podem fazer isso, então vamos juntos trabalhar para deixar nossa marca no mundo. Se acharem que não são capazes, então peçam ajuda. Eu tive que fazer isso. Consegui o apoio de um amigo íntimo em quem posso confiar...

Agora fui eu quem ficou ruborizado.

– E de Bob Jeffers – disse Janice, dirigindo o olhar a Jeffers, que se mostrou genuinamente surpreso com o comentário.

– E, se vocês não puderem resgatar aquele sentimento e se não quiserem pedir ajuda, então, e esta é a verdade mais pura e simples, está na hora de irem embora e procurarem sua paixão em outro lugar. A vida é muito curta, portanto não vivam sem amor no coração.

Ela parou e deixou que o silêncio tomasse conta do ambiente. Janice Everson tinha acabado de se revelar aos colegas. E de um jeito magnífico. Eu sabia que não havia nenhuma gota de mentira naquele discurso inteiro, porém me perguntava se a autenticidade era tão evidente para a empresa como era para mim.

Alguém levantou a mão.

– Janice.

– Pois não, Sondra.

– Isso foi um ultimato?

– Sim... foi sim.

Houve um burburinho.

– Exatamente o mesmo ultimato que dei a mim mesma.

– É... parece razoável – respondeu Sondra.

Era a prova mais contundente de que Janice havia transmitido sua mensagem. Sondra não abandonaria o barco – Sondra, que minutos atrás eu batizara de Senhora Lixo.

VINTE E CINCO

Depois de uma introdução rápida e sincera de Janice, Bob Jeffers foi até o microfone. Janice tinha se apresentado confiante e à vontade; ele, ao contrário, parecia sem jeito e até mesmo um pouco tímido.

– Estou um pouco nervoso – disse Bob baixinho. – Acho que sou conhecido como um homem de poucas palavras. Não que não tenha nada a dizer ou que seja anti-social. Bem... não totalmente anti-social.

Alguns risos na platéia. E ele continuou:

– É que sou um sujeito que tem mais afinidade com números do que com palavras. Por isso, espero que sejam pacientes comigo enquanto tento... me comunicar com vocês. Tenho algo importante a dizer – limpou a garganta. – Quero que saibam que sinto muito pelo que aconteceu no passado. E estou pedindo a todos vocês que aceitem minhas desculpas.

Depois de um silêncio curto e constrangedor, alguém se adiantou:

– Está nos pedindo que o desculpemos pelo quê, Bob?

Seguiram-se algumas risadinhas.

– Obrigado por perguntar, mas acho que vocês já sabem. Posso ser um homem de poucas palavras, mas tenho ouvidos. E ouço o que as pessoas dizem a meu respeito. Ninguém aqui nunca me chamou de Sujeito 51% na minha cara, porém ouvi o apelido e, acreditem ou não, sei de onde veio. A abominável regra dos 51% tem me perseguido pelos últimos dez anos. Para os que nunca ouviram falar dela, direi apenas que ela teve origem na minha reputação como supervisor que acha que não só possui todas as respostas como também que deve ter a palavra final em relação a tudo. Resumindo: sempre tenho que ter 51% dos votos. Tudo precisa ser invariavelmente do meu jeito. Comandar e controlar. Será que descrevi minha fama corretamente?

Algumas pessoas tiveram nervos de aço para assentir com a cabeça. Eu estava impressionado, considerando que Bob não tinha negado que fosse verdade.

– Bem... – ele prosseguiu – é tudo verdade. Pelo menos *era* verdade. Durante a maior parte da minha vida profissional, vi a mim mesmo como o grande gerente, detentor de todas as respostas, e nunca estive verdadeiramente interessado nas pessoas, sobretudo nas idéias e opiniões dos "subordinados". Se você trabalhasse para mim, sua opinião seria inútil, a menos que, é claro, estivesse de acordo com a minha. Então, alguns anos atrás, sofri um grave ataque do coração. Quase morri. Em vez de perder a vida, recebi a oportunidade de começar uma nova vida. Foi então que constatei que minha atitude em relação ao trabalho e à própria vida não era saudável. Eu estava equivocado ao querer controlar tudo, porque isso não é possível, certo? Então decidi fazer as coisas de um jeito diferente. Procurei trabalhar em equipe. Tentei ter uma visão mais abrangente. Fiz essa tentativa durante umas duas semanas até que não agüentei mais: "Dane-se. O que funciona para mim é comandar e controlar, que droga!" Nessa época conheci Teddy, que me convidou para dirigir a XinoniX, mas sob a condição de que eu mudasse meu estilo de administração.

Isso era novidade para mim e, pela expressão de Janice, para ela também.

Bob prosseguiu:

– Uma condição que aceitei e, logo em seguida, ignorei. E é por isso – Bob olhou para o colega no meio da sala – que estou pedindo desculpas agora. Janice fez um acordo com vocês. Eu também quero fazer.

Pela primeira vez desde o início da reunião, ele olhou para mim. Depois, arqueou ligeiramente as sobrancelhas como se quisesse me prevenir: "Muito bem, aqui vai. Hora de AMD!" E prosseguiu:

– Vou participar mais como administrador e ser mais encorajador como colega para cada um de vocês nesta empresa. Cumprirei minha parte no nosso esforço conjunto para mudar o mundo. É uma pretensão audaciosa, mas acredito que todos vocês, nosso grupo, nossa empresa, são capazes de alcançar esse objetivo. E quero ser um líder merecedor dessa tarefa e merecedor de vocês. Não espero que todos aqui acreditem em mim só porque estou dizendo estas palavras. Ainda preciso provar a vocês e, com o passar do tempo, é o que farei. Então, estou pedindo que comecemos com um passado em branco, que comecemos do início. Não estou dizendo que vamos administrar a XinoniX como uma democracia nem que colocaremos todas as decisões em votação, afinal também não é assim que se administra uma empresa. Não estou afirmando que toda decisão que eu tomar agradará a todos. O que estou garantindo é que a regra dos 51% está abolida a partir deste momento. E passarei mais tempo com todos vocês para ouvir suas idéias e compreender seus pontos de vista. Mais importante: estou lhes pedindo que tomem as próprias decisões nas suas áreas de responsabilidade. Vocês sabem o que é necessário para executar um ótimo trabalho aqui. Confio em vocês. Ah, falta uma coisa!

Bob afastou-se do microfone e remexeu na sua maleta enquanto Janice assistia a tudo com muita curiosidade. Isso, obviamente, não tinha sido planejado. Ele tirou uma pasta verde e passou-a às mãos dela, dizendo:

– Acho que isto é seu.

Era o plano de marketing que ela havia preparado.

VINTE E SEIS

Com a capota do Mustang abaixada, deixei a XinoniX e fui para casa, a mente divagando sobre o que acabara de testemunhar. Estava maravilhado por ter visto como, em apenas alguns minutos, o estado de espírito de uma empresa inteira havia mudado. As pessoas continuaram no refeitório por um bom tempo após o término da reunião. Conversaram entre si e formaram fila para dar parabéns e oferecer apoio a Janice e a Bob. Os dois tiveram seus momentos AMD! na frente de todos. Agora, bastava que seguissem adiante com os compromissos assumidos e continuassem a dar provas, por meio de ações, da sinceridade dos seus discursos. Eu tinha certeza de que cumpririam suas promessas.

Não me pergunte como fui parar lá, mas, de repente, me vi estacionando o carro na frente do trailer de Pops. Notei que as roseiras tinham sido podadas e que algumas pétalas de rosas se espalhavam pela soleira da porta. Provavelmente tinha sido o vento, imaginei. Caminhei até à porta, apanhei uma pétala vermelha e comecei a contemplá-la enquanto ela tremulava suavemente na palma da minha mão. Por alguma razão, pensei em

Smitty e percebi que aquele era um momento pleno de significado. Eu estava perdido num devaneio rico de simbolismo quando a porta se abriu lentamente.

Num impulso, entrei e dei-lhe um abraço amigo.

– Sinto... sinto muito pelo que aconteceu – gaguejei.

Sempre fui muito ruim em situações de tristeza. Nunca soube o que dizer aos que sofrem uma perda.

– Tudo bem, cara – ele disse serenamente. – Entre.

Dezenas de caixas estavam espalhadas pelo trailer, algumas já lacradas. Fomos para o jardim e nos sentamos nas mesmas cadeiras que tínhamos compartilhado com Pops alguns dias atrás. O sol brilhava através do jasmineiro e lançava sombras na varanda.

– Sabíamos há muito tempo o que estava por vir – disse Edg. – Apenas não podíamos precisar quando aconteceria.

– Ele era tão vibrante – comentei. – Jamais teria desconfiado de que havia qualquer coisa errada.

– Provavelmente era porque ele se sentia pronto para ir, estava conformado com a doença. O que você viu foi um homem profundamente em paz com o que tinha feito do tempo dele neste planeta. – Edg respirou fundo, e eu ouvi uma ligeira vibração na sua garganta. – Você não imagina a falta que sinto dele. E é apenas o primeiro dia.

– Claro que imagino – respondi. – Era seu Pops. – Decidi não perguntar sobre a cerimônia do funeral. Por alguma razão, não parecia apropriado. – E sua mãe?

– Ela morreu logo depois que eu nasci.

– Sinto muito – eu disse um pouco sem graça.

– Tudo bem. Além do mais, Pops preencheu a lacuna. Nunca me faltaram amor e orientação.

– Você tem irmãos?

– Não. Éramos só eu e ele. – Ficamos em silêncio por alguns momentos até que Edg, de repente, mudou de assunto. – Estou feliz por você ter vindo até aqui antes que eu partisse.

– O que quer dizer? – perguntei, tentando transparecer calma. – Partisse para onde?

Ele deu uma risada, e, por mais esquisito que possa parecer, ela não foi nem um pouco inapropriada, considerando as circunstâncias.

– Vou cuidar dos assuntos de Pops, tomar algumas providências necessárias neste momento e depois irei embora. Preciso me afastar por um tempo. Está na hora de eu fazer uma viagem de surfe que venho programando há muito tempo. Ondas gigantes me esperam em outras praias.

– Espere um minuto – eu disse. – Sinto que nós mal começamos. – Essas palavras soaram grotescamente egoístas, disso eu tinha consciência, mas não me importei. Para mim, era como se um grande e valioso amigo estivesse prestes a escapulir e, então, ataquei com uma descrição sucinta do que tinha acontecido na XinoniX. Contei-lhe como ele tinha me inspirado e como eu conseguira usar suas idéias para ajudar Janice e Bob. – Já dá para sentir que a XinoniX é uma nova empresa – continuei. – Mas sei que há muito mais a ser feito. Não se afaste de mim agora, Edg – pedi. – O que quero dizer é que por enquanto apenas examinamos superficialmente a Liderança Radical, certo?

Senti que estava ficando desesperado e não gostei da sensação. Ele me respondeu com um sorriso largo, bem próprio de Edg.

– Espere aqui. Tenho algo para você. – E entrou rapidamente no trailer.

Eu me recostei na cadeira e admirei o céu de San Diego, de um azul profundo. Um pelicano enorme passou na direção do oceano.

– Oi! – ele me chamou, interrompendo o transe em que eu me encontrava. – Quero que fique com isto. – E jogou um caderno pequeno e acetinado em cima da mesa. Olhei para a capa azul-clara com letras pretas. Estava escrito:

O salto radical
Manual Diário para Líderes Radicais
por William G. Maritime e Filho

– Com isso – afirmou –, tenho certeza de que você poderá seguir em frente.

– Você e Pops o escreveram juntos?

– Está mais para "vivenciamos" tudo isso juntos. Tentamos captar ao máximo a essência da abordagem de Pops para a vida e o trabalho. Procuramos fazer algo o mais simples possível.

– Já foi publicado? Nunca ouvi falar disso antes. – E me estiquei para apanhar o caderno.

Ele sorriu e disse:

– É a única cópia.

Puxei de volta a mão como se, de repente, tivesse visto uma cascavel sobre a mesa.

– Puxa! Não posso ficar com isto. É seu, Edg. Vai se arrepender se me der. Não posso deixá-lo fazer isso.

– Bem, isso é muito gentil da sua parte, amigo. Mas por que não dá uma olhada nele antes de se decidir a devolvê-lo?

Folheei o caderno. Não levou muito tempo. Eram apenas treze páginas.

– Não é exatamente a Bíblia, certo? – brincou. – Agora você acredita se eu lhe disser que sei tudo de cor, não é? Embora o manual seja bem simples, garanto que, se você aplicar o que está nessas páginas, conseguirá se manter no rumo. "Se você usar esse manual diariamente, juro que seguirá firme em frente." Pops e eu inventamos essa rima. Era nosso verso.

– Tudo bem, vou obedecer. Mas não por causa do verso, fique sabendo.

– Você é um homem bom, Steve. Estou feliz por tê-lo conhecido.

– Espere, espere um minuto! Não estou pronto para me despedir. Tenho uma pergunta para você, tudo bem? É uma coisa simples, mas está me fazendo ficar maluco. Você me concede uma última pergunta, ó grande sábio e misterioso Edg? Permite?

– Claro. Com toda a certeza e como recompensa pelo seu amargo sarcasmo. Prossiga.

– Vamos lá – falei animado enquanto mentalmente esfregava minhas mãos como uma criança. – Qual é a história por trás do seu nome? Só pode ser um apelido, mas para que nome?

– Bem – ele respondeu com um pequeno sorriso. – É um tipo de contração do meu primeiro nome com o último: Ed G.

– Mas – me aventurei – o último nome de Pops era Maritime. Então o seu também é, certo?

– O último nome de Pops era igual ao meu, mas não era Maritime. Não de verdade.

– Como assim?

– Pops tinha um tremendo senso de humor. Só isso.

– Hã... e?

– Quando eu era criança, adorava a revista em quadrinhos do *Riquinho*. Todos os nomes dos personagens refletiam o que eles eram. Riquinho era, obviamente, rico. Bolota era gorda. Lembra-se?

– Sim... e?

– Então, quando eu estava com quase oito anos, Pops abriu o negócio de leasing de navios.

– E?

– *Maritime*, cara! Ele usou o nome comercial de William G. Maritime. E funcionou. "G" é a primeira letra do nome verdadeiro dele e, claro, do meu também.

– Pare com isso! – reclamei. – Você não pode estar falando sério! É uma piada!

– Foi nossa piada particular por quase toda a minha vida. Agora você está a par também e espero que proteja nosso segredo sagrado – disse com falsa gravidade. Pelo menos eu achei que era falsa.

– Certo, então o que o "G" significa? – perguntei.

– Realmente, Steve, você está brincando, não é?

– O que quer dizer?

– Você sabe o que significa.

É. Acho que sim.

Mais Tarde

■ VINTE E SETE

O avião estava se preparando para a aterrissagem na cidade de Grand Rapids. Olhei para fora da janela, para a paisagem do meio-oeste americano que se esparramava abaixo de nós como uma praia de neve luminosa e branca. Estava a caminho do próximo evento: um seminário de quatro dias para executivos, fora do local da sede, onde eu ficaria escondido em algum lugar na região inexplorada da zona rural do Estado de Michigan, com quinze gerentes seniores de uma fábrica. Por mais estranho que pudesse parecer, eu estava honestamente empolgado com a idéia.

Vários meses tinham se passado desde que eu me despedira de Edg no trailer de Pops. Tentei vê-lo mais uma vez antes que ele deixasse a cidade. Fui a Point Loma, até à casa imponente no estilo Tudor com hera e janelas de vitrais. Dessa vez, caminhei corajosamente até à porta e toquei a campainha. Dessa vez, quando vi que ninguém atendia, bati na porta com força. Dessa vez, a porta da casa de Teddy Garrison finalmente se abriu.

Sadie pulou em cima de mim e passou a língua molhada pelo meu rosto.

– Calma, menina! Que modos são esses? – ele gritou lá de dentro. – Realmente você não serve para cão de guarda, é isso aí. – E, com essas palavras, Smitty, o Leitor de Sinais, apareceu na soleira da porta. – Hã... oi, como vai? – disse ao me ver. – Entre e fique à vontade, Sr. Farber.

Segui Smitty para a parte de trás da casa e para a copa. Dava para ver o gazebo pelas janelas chanfradas. Duas xícaras de café fumegavam sobre a mesa de cerejeira.

– Não, não sou nenhum paranormal. Não sabia que você estava vindo. Já tenho companhia, é só isso. Venha cá, sente-se aqui, vou pegar uma xícara para você. – E entrou na cozinha.

A porta do banheiro se abriu e Janice entrou na copa, puxou a cadeira e se sentou ao meu lado.

– Oi – disse ela, inclinando-se para me dar um abraço. – Então você o encontrou.

– Sim. E, aparentemente, você também. Por que não me falou onde ele morava? – perguntei, fingindo aborrecimento.

– Não sei. Era óbvio demais. Já tinha procurado por ele aqui, mas não tive sorte.

Smitty me entregou o café e se sentou na nossa frente. Nós três nos olhamos.

– Bem – disse ele com um sorriso –, estamos todos aqui.

– Ele se foi, não é? – perguntei.

– Sim – Smitty respondeu. – Ed "Teddy" Garrison escapuliu para praias mais brancas e ondas mais azuis. Estou tomando conta do lugar enquanto isso. O que, por sinal, pode durar um longo tempo.

Ed "Teddy" Garrison, filho de Pops Maritime. Surfista, homem de negócios, filósofo, amigo e conselheiro. Tudo fez sentido quando segurei as duas cartas lado a lado e reparei nas impressionantes semelhanças entre as caligrafias. Semelhanças que existem freqüentemente entre as letras de pais e filhos.

– Quando me pediu que o procurasse – eu disse a Janice –, ele já tinha me encontrado.

– Parece que foi isso mesmo – ela respondeu.

– Edg armou tudo isso – acrescentei, dando a entender pelo tom da voz que estava mais aborrecido do que estava na verdade. – Ele veio falar comigo sabendo que éramos amigos e que, afinal, eu seguiria a orientação dele para ajudá-la. Mal posso acreditar nessa história.

– Ele não o usou, Steve, se é isso o que está aborrecendo você – afirmou Janice.

Ela estava certa, sem dúvida. Edg tinha dito no começo que eu estaria prestando um favor a ele, que estaríamos ajudando um ao outro. Se Janice soubesse que eu estava conversando com Garrison, ela ficaria tão envolvida tentando fazê-lo voltar que acabaria desperdiçando sua oportunidade de crescer. Por outro lado, se eu tivesse sabido, teria me sentido como um intermediário e, de fato, não teria aprendido nada. E o valor do que aprendi era absolutamente incomensurável.

– Bem, quem sabe? – ironizou Smitty. – Talvez tudo não tenha passado de uma simples coincidência feliz.

– Ei, Smitty! – eu disse.

– O quê?

– Leia os sinais, cara.

De pé, diante da turma de executivos, eu entregava o material para o seminário. Eles eram, na maioria, engenheiros – e homens. Pessoas boas, honestas, sensatas e trabalhadoras, que administravam uma empresa com cinco mil colaboradores que se encaixavam nesse mesmo perfil geral. Esses executivos e eu havíamos trabalhado juntos antes. Portanto, de imediato eles perceberam que algo estava diferente. No último seminário tínhamos usado um material que continha duzentas e cinqüenta páginas de texto, citações e folhas extras em branco para exercícios e anotações. Uma batelada de papel que, com certeza, serviu muito bem para peso de porta quando eles voltaram para o escritório. O material que eu entregava agora tinha treze páginas.

– Muito bem, pessoal – eu disse –, vamos começar. – A questão para vocês e sua empresa é a seguinte: como vamos mudar o mundo?

O Salto Radical

Manual Diário para Líderes Radicais
por William G. Maritime e Filho

■ CULTIVE O AMOR

O amor é a principal motivação do Líder Radical: o amor por alguma coisa ou alguém, o amor por uma causa, o amor por um princípio, o amor pelas pessoas com quem você trabalha e pelos clientes que atende, o amor pelo futuro que você e os seus podem criar juntos, o amor pela empresa que vocês administram juntos todos os dias.

Pense sobre isto...

Sem a missão e o comprometimento do seu coração, não haverá nenhum bom motivo para você abraçar uma causa, assumir um risco e fazer o que for necessário para mudar seu mundo para melhor.

Pense sobre isto...

Você leva seu coração para o trabalho todos os dias, assim como as demais pessoas do mundo, todas as que se encaixam na categoria genérica de seres humanos. Portanto, pense sobre isto. Neste exato momento. Responda, para você mesmo, às perguntas que se seguem. Não se apresse, reflita cuidadosamente. E, quando estiver certo da resposta, conte para as pessoas. É isso mesmo. Você precisa, no fim das contas, respondê-las em voz alta – e o tempo todo – para aqueles que deseja liderar.

"Por que amo este negócio, esta empresa?"

(Responda em voz alta, por favor.)

"Por que amo este projeto, esta idéia, este sistema, este procedimento, esta política?"

(Responda em voz alta, por favor.)

"Por que amo meus clientes?"

(Responda em voz alta, por favor.)

Agora responda à pergunta seguinte não com palavras, mas com ações:

"Como demonstrarei esse amor por meio da forma como trabalho e sirvo e lidero as pessoas ao meu redor?"

Veja aqui um dos muitos modos de se fazer isso...

Pelo menos uma vez por dia, redija um "Bilhete de Amor Profissional" pessoal e manuscrito, de avaliação, agradecimento ou reconhecimento:

1. Pense numa determinada pessoa do seu trabalho.
2. Liste as melhores qualidades e/ou as maiores realizações dessa pessoa.
3. Reflita sobre os motivos que o levam a apreciar tais qualidades e realizações.
4. Escreva o bilhete.
5. Entregue o bilhete.

Faça com que isso se torne um hábito, e não uma obrigação. Em outras palavras, sempre escreva com o coração e exprima sua apreciação com sinceridade. O bilhete estabelece a ponte entre as palavras e a ação. Você estará demonstrando amor por meio do ato de escrevê-lo e entregá-lo. Mas não tome essa atitude porque se sente na obrigação – faça porque deseja.

Então, deseje.

Agora você está no negócio de cultivar amor. E veja, apenas veja, como o amor volta para você lindamente embrulhado nas palavras e ações das outras pessoas.

O cerne da questão é o seguinte: o amor é um negócio bom. Clientes que o amam voltarão para você, para seu produto, para seu serviço e para sua empresa. Colaboradores que o amam vão se engajar totalmente nas tarefas, dia após dia, não importando se a empresa do outro lado da rua paga um pouco mais.

O amor é sua estratégia de retenção de pessoal.

Então, como conseguir que eles o amem? Muito fácil, de verdade...

Seja o primeiro...

ou não se dê ao trabalho de se chamar de "líder". Muito menos de Líder Radical.

PRODUZA ENERGIA

Energia é poder interno ou inerente; capacidade de agir, contribuir ou produzir um efeito; capacidade de expressão; força de estilo; poder de impressionar a mente e despertar os sentimentos; vida; espírito.

O Líder Radical é um criador de energia – uma força propulsora para a ação, para o progresso – e alguém que acredita com todo o entusiasmo nas pessoas e na capacidade que elas têm de realizar algo muito especial.

O que faz com que você se levante da cama e vá para o trabalho? Se você é o gerador de energia, de onde vem seu *combustível?* Em que fonte você absorve o nutriente de que precisa para enfrentar os obstáculos e problemas que você e os seus têm diante de si diariamente? Descubra essa fonte e vá até ela freqüentemente.

Organize uma lista das suas fontes particulares de energia e estimule os outros a fazerem o mesmo.

As respostas são diferentes para cada pessoa, é evidente. Mas há algumas fontes universais de energia que estão disponíveis para todos nós.

Não se preocupe: não é uma questão esotérica nem se trata de metafísica (não que haja qualquer coisa errada com essas áreas).

Então, o que produz energia?

- Amor
- Grandes idéias
- Princípios elevados
- Superação de metas
- Trabalho interessante
- Desafios estimulantes
- Visão instigante do futuro

Muito bom como ponto de partida. Se tiver dúvida, considere o oposto: imagine-se trabalhando num lugar que você odeia, numa organização que sufoca idéias, ignora princípios, estabelece metas que podem ser cumpridas de olhos fechados, distribui tarefas enfadonhas, não provê nenhum desafio e não faz nenhuma idéia de para onde estará indo no futuro.

(Para ser sincero, não importa que não saiba para onde vai, porque uma empresa assim nunca chegará a lugar nenhum.)

Já está se sentindo energizado? Claro que não. Para você – o Líder Radical –, o teste definitivo será:

"Que efeito minha ação terá na energia das pessoas ao meu redor?"

Vivencie o seguinte...

Tente lembrar/descobrir por que você está ali.

Você está preenchendo o tempo vago entre os fins de semana? Não? Então, responda:

"Do que se trata seu trabalho, na verdade? Qual é seu 'propósito maior'?"

Conte para as pessoas. Peça-lhes ajuda para viver à altura do seu propósito.

Estimule as pessoas a terem grandes idéias.

Nunca parta do pressuposto de que uma idéia é estúpida apenas porque ela parece desse jeito para você. Sua reação deve ser: "Vá experimentá-la." *Se não der certo, pergunte:*

"Qual é a lição disso para você e para nós?"

Permaneça firme nos seus princípios; trabalhe por uma causa.

Princípios e valores existem para guiar suas ações e decisões. Eles são os padrões clássicos. Mas considere o seguinte:

O Líder Radical não satisfaz apenas os padrões existentes – ele define patamares mais elevados.

Então...

Quais são seus princípios e valores nobres?

Pendure-os na parede. *Diga a todas as pessoas, em todos os lugares aonde você for:*

"É isso o que importa. Julgue-me pela minha habilidade de viver à altura deles."

Agora você está trabalhando por uma causa, e não somente por um salário.

Estabeleça metas que exijam saltos.

Seus objetivos devem fazer você saltar (e experimentar momentos AMD!) para atingi-los, em vez de "se esticar", como já disseram alguns. Para alcançar uma meta que demande um salto, será necessário se entusiasmar e se energizar. Estabeleça metas que utilizem ao máximo os talentos, as habilidades, as esperanças e as aspirações da sua equipe e da empresa. Dessa forma, as pessoas produzirão a energia necessária para dar um salto e bater essas metas.

"Que metas você pode estabelecer para sua equipe e sua empresa hoje que vão aproveitar ao máximo seus talentos, suas habilidades, suas esperanças e suas aspirações?"

Livre-se dos sugadores.

Liberte-se dos sugadores de energia. Estimule as pessoas a extirpar e descartar qualquer trabalho que prejudique a busca dos seus objetivos.

Pergunte a si mesmo e à sua equipe:

"Quais são as políticas e os procedimentos desnecessários, demorados, burocráticos e que sugam nossa energia?"

"O que estamos fazendo que nos impede de satisfazer não só nossas metas e nossos sonhos como também as metas e os sonhos dos nossos clientes?"

"O que deveríamos mudar para tornar nossa empresa um local mais interessante, estimulante, inteligente e bacana para se trabalhar?"

Comunique-se como um ser humano.

Permita que as pessoas o conheçam, mostre suas características humanas. Não recite a declaração de visão da sua empresa

– fale sobre ela com suas próprias palavras. Converse com as pessoas sobre suas idéias para o futuro e pergunte pelas delas. *Seja* a pessoa que você é.

Esqueça-se do seu cargo, esqueça-se da sua posição e fale com o coração.

Não fale somente das suas esperanças para o futuro, mas também sobre os pontos fracos que possui hoje. A vulnerabilidade colabora para a conexão entre as pessoas, e a conexão é o canal de passagem da energia. A pretensão de invencibilidade levanta uma barreira e cria distância entre os corações.

■ INSPIRE AUDÁCIA

Audácia é o desprezo corajoso e flagrante ao que é usualmente estabelecido e aceito. A audácia inspirada no amor é destemida, realizada às claras e plena de valor. O Líder Radical é audacioso não para servir ao próprio ego, e sim ao bem comum. Ele age de forma corajosa e verdadeira, e os que não pensarem assim que se conformem.

Tome cuidado...

Os limites "usualmente estabelecidos e aceitos" mais comuns e insidiosos são os que lhe são impostos pelos outros. Essa imposição não é necessariamente mal-intencionada. Ela decorre apenas de um conjunto triste e restrito de crenças sobre o que somos capazes de realizar.

Não permita que as crenças de outras pessoas se tornem suas.

O que é "usualmente estabelecido e aceito" toma diversas formas. Sempre que você tiver uma idéia, que descobrir um jeito melhor de fazer as coisas ou mesmo coisas melhores para serem feitas, organize uma lista de todos os limites comuns que parecem estar no caminho. Eles são sistemas, políticas ou procedimentos? Ou se trata de determinada pessoa ou de um grupo de pessoas? Não está seguro de si mesmo? Ou é o histórico da sua empresa que o impede de ir adiante? Muitas idéias e atitudes audaciosas foram frustradas por argumentos bem frágeis: "Tentamos uma vez e não funcionou", ou "Isso nunca dará certo para nós, porque simplesmente não é o modo como fazemos as coisas por aqui", ou "Você está sonhando".

Agora, por todos os motivos sensatos, desconsidere aquela lista!

E, depois, pergunte (e responda) à questão a seguir. É a pergunta definitiva sobre audácia por causa do seu alcance e de suas possibilidades extraordinárias. *É impossível ser um Líder Radical sem colocar esta pergunta no centro da sua agenda de trabalho*:

"Como vamos mudar o mundo?"

Você pode lidar com essa questão pensando, literalmente, sobre o mundo inteiro, sobre a comunidade global. E seja abençoado por pensar desse modo. Justamente por isso, entretanto, não é menos importante perguntar (e responder) à seguinte pergunta:

"Como vamos mudar o mundo da nossa empresa, dos nossos colaboradores, dos nossos clientes, do mercado e da indústria?"

Lembre-se... O "mundo inteiro" é composto exclusivamente de pessoas como aquelas com as quais você entra em contato na sua vida pessoal e profissional. Então, por que não começar pelo seu próprio mundo? Todos os "limites usuais" relacionados nos livros mais conhecidos lhe dirão que essa pergunta é irreal e representa uma perda de tempo. De forma corajosa e aberta, rejeite esses livros.

Agora... convide as outras pessoas a se unirem a você nessa tarefa. Mostre o que você considera possível e diga que sua confiança na capacidade delas é maior que a confiança que elas mesmas têm nas próprias capacidades. Peça-lhes que o ajudem a mudar o mundo e assim terá inspirado audácia.

E é tudo de que precisamos para criar o extraordinário.

■ APRESENTE PROVA

Você é um Líder Radical de verdade? Prove.

Prove por meio da coerência entre suas palavras e ações. Prove defendendo o que é certo. Prove por sinais mensuráveis e tangíveis de progresso. Prove por sua própria experiência. Prove por meio dos seus sucessos fenomenais. Prove por meio dos seus fracassos gloriosos. E prove tudo nestes três níveis:

1. Prove aos outros.
2. Prove a você mesmo.
3. Prove aos outros que você está provando a você mesmo.

Prove aos outros.

Isso já recebeu muitas denominações ao longo dos anos: viva de acordo com o que prega; pratique aquilo que recomenda; fale, escreva, convença; dê o exemplo. Jim Kouzes e Barry Posner se expressaram melhor: FOQVDQF, isto é, Faça O Que Você Diz Que Fará.

Sempre que for possível, assegure-se de que suas ações e condutas estejam à altura das palavras, das idéias, das promessas e dos compromissos que você verbaliza e sejam o verdadeiro reflexo deles.

Pergunte a si mesmo:

"O que fiz hoje que confirma meu compromisso com meus colegas e clientes?"

"Como mudei hoje o mundo de uma forma geral ou o meu próprio mundo, mesmo que tenha sido só um pouco? Que prova mensurável e tangível posso apresentar disso?"

"O que farei amanhã para demonstrar o poder das minhas convicções?"

Prove a você mesmo

O AMD! é o indicador interno natural de que certamente você está engajado por inteiro na prática da Liderança Radical. Busque o seu AMD! – ele é a sua bússola interior avisando que você está se movendo na direção certa. Isso não tem a ver com sentir medo simplesmente, com descarregar adrenalina apenas por causa da emoção. Trata-se do medo e da emoção que são partes integrantes da experiência de liderança. Trata-se do medo e da emoção que sentimos durante o processo de experimentar o que é atemorizante, extraordinário. Essa é a forma de provar isso a você mesmo. Não há Liderança Radical sem um AMD!

Você acha que já "concedeu poder de decisão" a alguém? Isso o assustou? Você teve um AMD! quando pensou no que a pessoa poderia fazer com a nova liberdade de ação? Se nada disso aconteceu, você não foi longe o bastante. Amplie a "concessão de poder" até que essa atitude lhe cause dor – mesmo que precise aumentar a autorização para gastos extremamente elevados. Sente o AMD! agora? Ótimo. Isso quer dizer crescimento.

Reflita...

"Quais foram os momentos AMD! do meu passado que me fizeram estar onde estou hoje? Que lições aprendi com essas situações que eu deveria continuar aplicando?"

E se você pudesse repeti-los...

"O que eu manteria apesar do 'fracasso'? O que eu mudaria apesar do 'sucesso'?"

Agora...

"Que oportunidade de liderança em potencial está aparecendo no trabalho ou em casa que posso transformar no meu próximo AMD!? Como vou agir?"

Prove aos outros que você está provando isso a você mesmo.

A Liderança Radical não é um ato isolado. Ela não acontece no vácuo. Você não mudará o mundo sozinho. É sua obrigação recrutar, cultivar e desenvolver Líderes Radicais no âmbito da sua ação. Nada disso é novidade. Você já ouviu isto antes: desenvolva pessoas. Verdade, verdade e, mais uma vez, verdade.

Porém...

A melhor maneira de fazer com que as pessoas desenvolvam a Liderança Radical é deixá-las participar do *seu* próprio desenvolvimento. *Você* será o exemplo vivo da evolução. É isso o que somos de qualquer maneira, não é? Diga a elas: "Observem enquanto eu tento." Dê a elas os benefícios dos seus momentos AMD!

Assim está certo...

Vá atrás dos seus momentos AMD! em público.

Mostre aos outros que você está aprendendo, que está tentando e que também estraga tudo de vez em quando. Depois, informe-os sobre o que aprendeu.

Adivinhe o que acontecerá!

Eles também tentarão. Você terá provado às pessoas que está provando isso a você mesmo. Elas também vão querer provar para si próprias.

Mas não pare por aí. Convide-as a compartilhar do seu desenvolvimento – de uma forma direta.

Busque Avaliação Radical... faça as perguntas a seguir:

"O que preciso fazer para me aprimorar como Líder Radical? Em que estou falhando? Como posso melhorar?"

Não desista até receber as respostas, até que tenha provado que sua intenção é verdadeira.

AGRADECIMENTOS

O amor, foi o que aprendi, não reconhece fronteiras entre "relações de trabalho" e "relações pessoais". Agradeço a Deus por isso. Dedico este livro com carinho e apreço a todas as grandes e inspiradoras pessoas – entre colegas, amigos, familiares e clientes – que me deram o combustível para levar este projeto até o fim.

A Terry Pearce, a eminência parda dos consultores de executivos, por sua sabedoria, amizade e inspirada contribuição e por terminar cada uma das nossas conversas telefônicas com a frase: "Amo muito você." A Jim Kouzes, por sua liderança na arena da liderança. Ele me deu os fundamentos de tudo o que sei sobre esse assunto. Terry e Jim, o conhecimento e a influência de vocês estão por toda parte neste livro.

A Rainey Foster, a primeira e mais persistente incentivadora da minha carreira como palestrante. Ela é a melhor nessa área por um excelente motivo: todo mundo a ama. Pergunte a qualquer um que a conheça. A Peter Alduino, pela inteligência aguçada, pelo compromisso com a autenticidade, por suas sugestões e opiniões meticulosas, linha a linha. A Andrew Bennett, pelo grande coração, e a Dick Heller, pela honestidade extrema. A Pat Lencioni, uma das pessoas mais agradáveis deste mundo, e a sua equipe maravilhosa e generosa do The Table Group, por compartilharem comigo seus contatos e conhecimentos duramente conquistados. A Mark French. A Tom Peters, pela audácia. A todos os meus antigos colegas em The Tom Peters Company nos Estados Unidos e na Grã-Bretanha, por me proporcionarem a mais agradável e esclarecedora experiência de trabalho que já tive. A Matthew Brandt, B. H. W. (aposentado), que todos os dias demonstra o valor da verdadeira amizade. A Bill "Farber" Farber, Mary Rachel Platt, Neil Murphy, Damion Kirk, Andy Rymer e Timna Pilch, pela incomensurável confiança depositada em mim e no meu futuro. A Jeff Ludrof, Harry Gambill, Boyd Clarke, Ron Crossland, Sue Porter, Erik Hansen, Carl English, Christine Shimasaki, Oren Harari, Carl Hammerschlag, Christine Landon, Jack Covert, Greg Reid, Peter Brady e Liz DeSimone, por terem encontrado tempo nas suas agendas repletas de compromissos para ler e comentar este livro.

A meu agente, Jim Levine, pelas palavras certas de encorajamento na hora exata e por transformar este projeto em realidade. À equipe da Dearborn – Jon Malysiak, Cindy Zigmund, Jack Kiburz, Courtney Goethals, Leslie Banks e Jackie Posek – por serem maravilhosos sócios e desafiarem todos os estereótipos negativos da indústria editorial.

A meus filhos, Angelica, Saul e Jeremy, por me darem os presentes e desafios gloriosos da paternidade. Às minhas enteadas, Kelsey, Heather e Presley, por terem me aceitado de forma incondicional e imediata nos seus corações.

E, finalmente, a Veronica, minha esposa, amiga e sócia, pela surpreendente mistura de beleza, amor, inteligência, discernimento e humor.

Amo todos vocês.

CONHEÇA OUTRO IMPORTANTE TÍTULO DA EDITORA SEXTANTE

O sabor da qualidade
de Subir Chowdhury

A empresa administrada por Pete, uma fábrica de sorvete chamada Dairy Cream, está derretendo rapidamente. Um dia seu chefe lhe dá um ultimato: se as vendas não crescerem de forma dramática, em poucos meses a empresa vai ser fechada. Pete e todos os funcionários da Dairy Cream estão muito perto de ir para o olho da rua.

Quando Pete vai procurar Mike, velho conhecido de sua família que se tornou alto executivo de uma rede de varejo próspera, inovadora e exemplar, suas intenções são agressivas. Só quer saber por que Mike se recusa a comprar seu sorvete, que ele mesmo considera tão bom. E aí tem início o grande aprendizado de Pete – que é também o do leitor.

Segue-se um bate-papo informal que faz de *O sabor da qualidade* um livro quase milagroso: fácil de ler como um romance de suspense (a Dairy Cream vai chegar lá?), mas ao mesmo tempo tão rico em ensinamentos para líderes em busca de um melhor desempenho empresarial quanto os manuais mais densos do mercado. Como quem não quer nada, Mike transmite a Pete os segredos da verdadeira qualidade, como ela pode ser atingida sem gastar muito dinheiro e – o mais difícil – o que fazer para mantê-la no dia-a-dia.

Subir Chowdhury, um dos mais respeitados estrategistas de qualidade do mundo, é autor de 12 livros e o maior divulgador global da filosofia Seis Sigma de qualidade.

Conheça os 50 clássicos da Sextante

Espiritualidade/Inspiração

Muitas vidas, muitos mestres, de Brian Weiss
Muitas vidas, uma só alma, de Brian Weiss
Jesus, o maior psicólogo que já existiu, de Mark W. Baker
Conversando com os espíritos, de James Van Praagh
A última grande lição, de Mitch Albom
Uma ética para o novo milênio, de Sua Santidade, o Dalai-Lama
A arte da meditação, de Daniel Goleman
O Mestre dos Mestres (Coleção Análise da Inteligência de Cristo), de Augusto Cury
Espiritualidade, um caminho de transformação, de Leonardo Boff
Autobiografia de um iogue, de Paramahansa Yogananda
O Poder do Agora, de Eckhart Tolle

Negócios

O monge e o executivo, de James C. Hunter
Como se tornar um líder servidor, de James C. Hunter
Jesus, o maior líder que já existiu, de Laurie Beth Jones
Faça o que tem de ser feito, de Bob Nelson
Seu balde está cheio?, de Tom Raph e Donald O. Clifton
A hora da verdade, de Jan Carlzon
A Boa Sorte, de Álex Rovira Celma e Fernando Trías de Bes
Você é mais capaz do que pensa, de John G. Miller
Seis fundamentos do sucesso profissional, de Stuart R. Levine

Ficção

O Código Da Vinci, de Dan Brown
Ponto de Impacto, de Dan Brown
Anjos e Demônios, de Dan Brown
Fortaleza Digital, de Dan Brown
As cinco pessoas que você encontra no céu, de Mitch Albom

Livros de bolso

Dez leis para ser feliz, de Augusto Cury
Seja líder de si mesmo, de Augusto Cury
Você é insubstituível, de Augusto Cury
Palavras de sabedoria, de Sua Santidade, o Dalai-Lama
A vida é bela, de Dominique Glocheux
Filtro solar, de Mary Schmich
Posso conseguir o que desejo, de Iyanla Vanzant
Quem acredita sempre alcança, de Peter McWilliams

Auto-ajuda

O método fácil de parar de fumar, de Allen Carr
Por que os homens fazem sexo e as mulheres fazem amor?, de Allan e Barbara Pease
Desvendando os segredos da linguagem corporal, de Allan e Barbara Pease
Por que os homens mentem e as mulheres choram?, de Allan e Barbara Pease
O poder que vem do seu nome, de Aparecida Liberato e Beto Junqueyra
Nunca desista de seus sonhos, de Augusto Cury
Pais brilhantes, professores fascinantes, de Augusto Cury
100 segredos dos bons relacionamentos, de David Niven
Não leve a vida tão a sério, de Hugh Prather
Mantenha o seu cérebro vivo, de Laurence Katz e Manning Rubin
100 segredos das pessoas felizes, de David Niven
Enquanto o amor não vem, de Iyanla Vanzant
A Dieta do Abdômen, de David Zinczenko e Ted Spiker
A Dieta de South Beach, de Arthur Agatston
O poder da paciência, de M. J. Ryan

Referência

1.000 lugares para conhecer antes de morrer, de Patricia Schultz
O ócio criativo, de Domenico De Masi

Informações sobre os próximos lançamentos

Para receber informações sobre os lançamentos da EDITORA SEXTANTE, basta enviar um e-mail para atendimento@esextante.com.br ou cadastrar-se diretamente no site www.sextante.com.br

Para saber mais sobre nossos títulos e autores e enviar seus comentários sobre este livro visite o nosso site: www.sextante.com.br

EDITORA SEXTANTE
Rua Voluntários da Pátria, 45/1.404 – Botafogo
Rio de Janeiro – RJ – 22270-000 – Brasil
Telefone (21) 2286-9944 – Fax (21) 2286-9244
E-mail: atendimento@esextante.com.br